Carlos Nely C. de Oliveira

Geometria Plana
Caderno de Atividades

8º ano

Editora
Policarpo

Coleção Vestibulares
Matemática nos Vestibulares – Vol. e 4 5
História nos Vestibulares – Vol. 3 e 4
Geografia nos Vestibulares – Vol. 1

Geometria Espacial
Caderno de Atividades – Vol. 1, 2 e 3

Geometria Analítica
Caderno de Atividades - Vol. 1 e 2

Caderno de Atividades
Números Complexos
Polinômios e Equações Algébricas
Álgebra - 7ª série

Outras publicações da Editora Policarpo:
Exercícios de Matemática
Volume 1: Revisão de 1º Grau
Volume 2: Funções e Logaritmos
Volume 3: Progressões Aritméticas e Geométricas
Volume 4: Análise Combinatória e Probabilidades
Volume 5: Matrizes, Determinantes e Sistemas Lineares
Volume 6: Geometria Plana

Digitação, Diagramação e Desenhos: *Sueli Cardoso dos Santos* - email: suly.santos@gmail.com

Dados Internacionais de Catalogação, na Publicação (CIP)
(Câmara Brasileira do Livro, SP, Brasil)

Oliveira, Carlos Nely C. de.

Matématica / Oliveira, Carlos Nely C. de.

São Paulo: Editora Policarpo, 3. ed. 2016.

ISBN: 978-85-87592-60-6

1. Matemática 2. Ensino fundamental

I. Oliveira, Carlos Nely C. de. II. Título.

Índices para catálogo sistemático:

Todos os direitos reservados à:
EDITORA POLICARPO LTDA
Rua Dr. Rafael de Barros, 175 - Conj. 01
São Paulo - SP - CEP: 04003-041
Tel./Fax: (11) 3288-0895
Tel.: (11) 3284-8916

Índice

I Segmentos *1*
   A) Elementos Primitivos 1
   B) Segmento de Reta 1
   C) Medida de um Segmento de Reta 1
      Exercícios Resolvidos 1
      Exercícios 3

II Ângulos *7*
   A) Semi-Reta 7
   B) Ângulo 7
   C) Ângulos Opostos Pelo Vértice (o.p.v) 7
   D) Medida de um Ângulo 7
   E) Bissetriz de um Ângulo 8
   F) Ângulos Nulo, Agudo, Reto, Obtuso e Raso 8
   G) Ângulos Complementares e Suplementares 8
      Exercícios Resolvidos 8
      Exercícios 10

III Paralelismo *15*
   A) Ângulos de Duas Retas e uma Transversal 15
   B) Retas Paralelas 15
   C) Teoremas 15
      Exercícios Resolvidos 16
      Exercícios 18

IV Triângulos (Congruência) *23*
   A) Definição 23
   B) Elementos 23
   C) Congruência de Triângulos 23
   D) Casos de Congruência 23
      Exercícios 25

V Triângulos *26*
   A) Classificação 26
   B) Linhas e Pontos Notáveis 27
   C) Teoremas 28
      Exercícios Resolvidos 30
      Exercícios 32

VI Quadriláteros *38*
   A) Definição 38
   B) Elementos 38
   C) Quadrilátero Côncavo e Quadrilátero Convexo 38
   D) Teorema 38
      Exercício Resolvido 39
      Exercícios 40

VII Quadriláteros Notáveis *42*
   A) Trapézio 42
      1 – Definição 42
      2 – Classificação dos trapézios 42
      3 – Teoremas 42

  B) Paralelogramo 43
    1 – Definição 43
    2 – Teoremas 43
  C) Retângulo 45
    1 – Definição 45
    2 – Teoremas 45
  D) Losango 45
    1 – Definição 45
    2 – Teoremas 45
  E) Quadrado 45
    1 – Definição 45
    2 – Teorema 45
    Exercícios Resolvidos 46
    Exercícios 47

VIII Circunferência 53
  A) Definição 53
  B) Região interna e região externa 53
  C) Elementos 53
  D) Teoremas 53
    Exercícios Resolvidos 57
    Exercícios 60

IX Polígonos 68
  A) Polígono 68
  B) Polígono simples 68
  C) Polígono convexo 68
  D) Nomenclatura 68
  E) Polígono regular 69
  F) Teoremas 69
    Exercícios Resolvidos 70
    Exercícios 72

X Ângulos Relacionados com Arcos 82
  A) Ângulo central 82
  B) Medida de um arco 82
  C) Ângulo inscrito 82
  D) Ângulo semi-inscrito (ou ângulo de segmento) 83
  E) Ângulo excêntrico interior 83
  F) Ângulos excêntricos exteriores 85
  G) Quadrilátero inscrito 85
    Exercício Resolvido 86
    Exercícios 87

Respostas 93

■ I SEGMENTOS

A) ELEMENTOS PRIMITIVOS

Os elementos primitivos em Geometria são três: ponto, reta e plano.

Alguns objetos do mundo em que vivemos nos dão a idéia desses elementos. Por exemplo, um barbante bem esticado pode dar-nos a idéia de uma reta; a superfície da carteira nos dá a idéia de plano e um furo feito por um alfinete numa folha de papel nos dá a idéia de ponto.

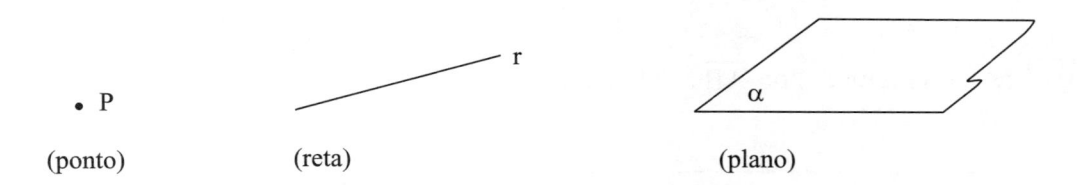

• P

(ponto)   (reta)   (plano)

B) SEGMENTO DE RETA

Definição: dados dois pontos distintos A e B, chamamos de segmento de reta o conjunto cujos elementos são A, B e todos os pontos pertencentes à reta determinada por A e B e que **estão entre** A e B.

Observação: a noção "**estar entre**" será aqui aceita intuitivamente.

$\overline{AB}$ = {A,B} U {X / X está entre A e B}

C) MEDIDA DE UM SEGMENTO DE RETA

Medir significa comparar com um padrão. Na figura abaixo, o segmento AB está sendo comparado com um padrão que resolvemos chamar de **u**. Dizemos que o segmento AB tem 5u (cinco unidades) de comprimento. Claro que o padrão poderia ser centímetro, metro, polegada, jarda, etc.

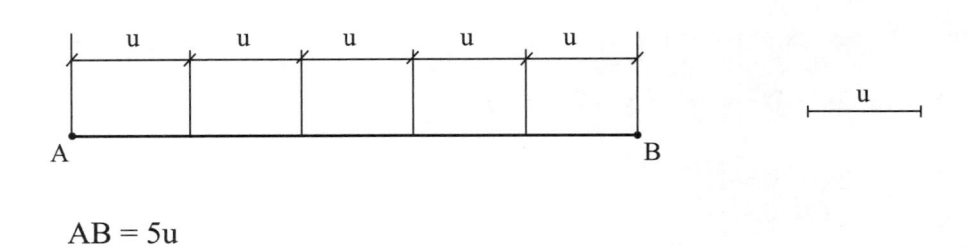

AB = 5u

EXERCÍCIOS RESOLVIDOS

Resolvido 01 Calcule AP.

Solução: AP + PB = 24 $\Rightarrow$ 3x + 3 + 4x – 7 = 24 $\Rightarrow$ x = 4

AP = 3x + 3 $\Rightarrow$ AP = 3.4 + 3 $\Rightarrow$ $\boxed{AP = 15}$

Resposta: 15

Resolvido 02 Calcule x.

```
A •————2x – 1————•————6————• B
                 P
    _____/
           5x – 16
```

Solução: AP + PB = AB ⟹ 2x – 1 + 6 = 5x – 16 ⟹ $\boxed{x = 7}$

Resposta: 7

Resolvido 03 M é ponto médio de $\overline{AB}$. Calcule x.

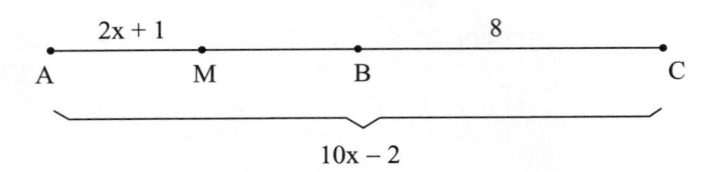

```
  •——2x + 1——•————————8————————•
  A          M          B          C
  _____/
              10x – 2
```

Solução:

```
  •——2x + 1——•——2x + 1——•————8————•
  A          M          B          C
  _____/
              10x – 2
```

2x + 1 + 2x + 1 + 8 = 10x – 2 ⟹ $\boxed{x = 2}$

Resposta: 2

Resolvido 04 Determine x e y na figura, dado que M é ponto médio $\overline{AB}$ e AC = 17 cm.

```
A •——2x + 1——•——y + 2——•——y – 2——• C
             M         B
```

Solução: M é ponto médio de $\overline{AB}$ ⟹ 2x + 1 = y + 2
AM + MB + BC = AC ⟹ 2x + 1 + y + 2 + y – 2 = 17

⟹ $\begin{cases} 2x - y = 1 \\ 2x + 2y = 16 \end{cases}$ ⟹ $\begin{cases} 2x - y = 1 \\ x + y = 8 \end{cases}$

Somando membro a membro as duas últimas equações:

2x + x – y + y = 9 ⟹ $\boxed{x = 3 \text{ cm}}$

Substituindo em x + y = 8, tem-se:

x + y = 8 ⟹ 3 + y = 8 ⟹ $\boxed{y = 5 \text{ cm}}$

Resposta: x = 3 cm e y = 5 cm

EXERCÍCIOS

01 O segmento $\overline{AB}$ mede 18 cm. Determine o valor de x:

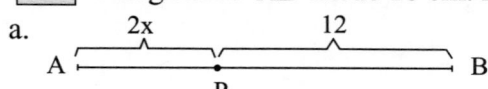

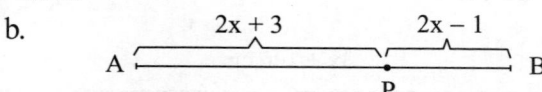

a. A —[2x]— P —[12]— B

b. A —[2x + 3]— P —[2x − 1]— B

02 O segmento $\overline{AP}$ mede 20 cm. Determine o valor de x:

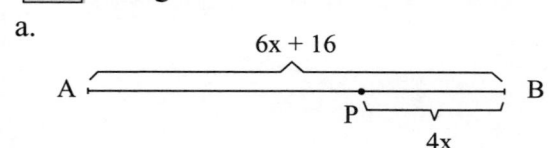

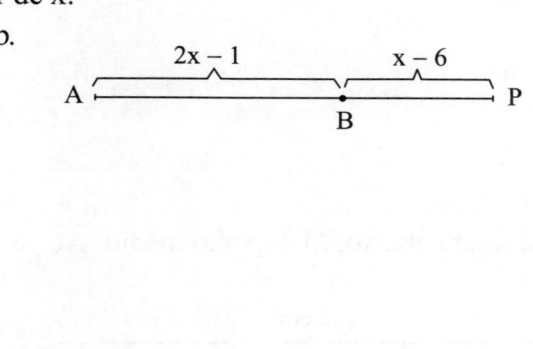

a. A —[6x + 16]— B, P —[4x]— (abaixo)

b. A —[2x − 1]— B —[x − 6]— P

03 Determine o valor de x, sabendo que M é ponto médio de $\overline{AB}$.

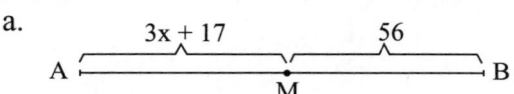

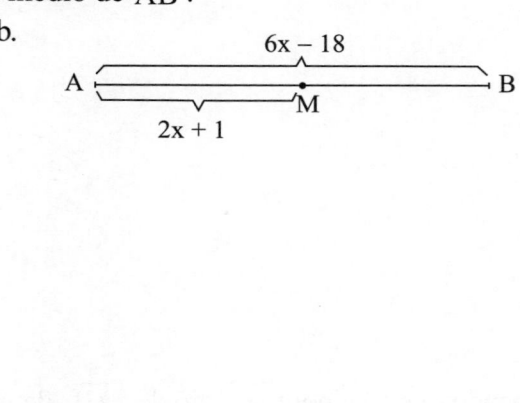

a. A —[3x + 17]— M —[56]— B

b. A —[6x − 18]— M — B, com [2x + 1] abaixo de AM

04 Sabendo que M é ponto médio de $\overline{AB}$, determine a medida de $\overline{MP}$.

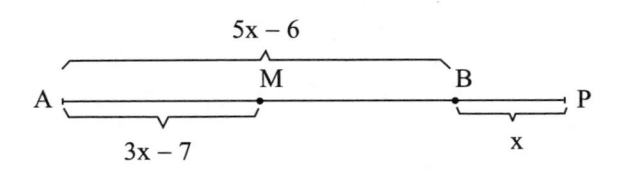

A —[5x − 6 (de A a B, com M no meio)]— B —[x]— P, com [3x − 7] abaixo de AM

05 Na figura abaixo, $\overline{AB}$, $\overline{BC}$, $\overline{CD}$, $\overline{DE}$ e $\overline{EF}$ são congruentes (têm mesma medida). Determine a medida de $\overline{AF}$.

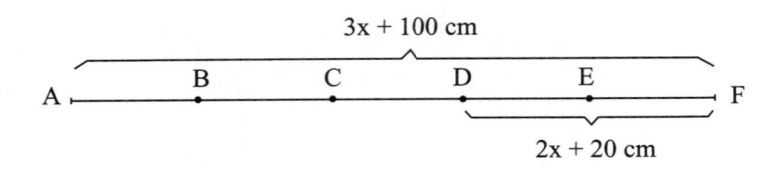

$$\overbrace{A \quad B \quad C \quad D \quad E}^{3x + 100 \text{ cm}} \quad F$$

$$\underbrace{}_{2x + 20 \text{ cm}}$$

06 Na figura abaixo, M é ponto médio $\overline{AC}$ e N é ponto médio de $\overline{CB}$. Determine MN.

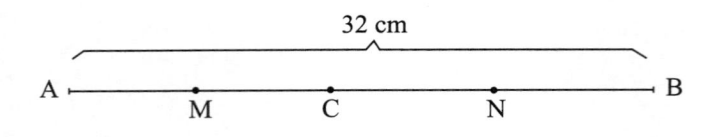

$$\overbrace{A \quad M \quad C \quad N}^{32 \text{ cm}} \quad B$$

07 Sabendo que M é ponto médio de $\overline{AB}$, determine x e y (a unidade das medidas é o centímetro).

a.
$$\overbrace{A \quad\quad M \quad\quad}^{4y - 14} B$$
$$\underbrace{2x - 1}\underbrace{48 - 5x}$$

b.
$$A \quad\overset{x+12}{} M \overset{y+16}{} B$$
$$\underbrace{}_{4x + 12}$$

08 Determine a medida do segmento $\overline{QB}$.

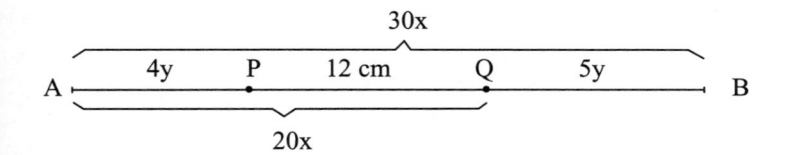

Resolução:

Considerando $AQ = 20x$ e $AB = 30x$:
$$4y + 12 = 20x$$
$$4y + 12 + 5y = 30x \Rightarrow 9y + 12 = 30x$$

Subtraindo: $5y = 10x \Rightarrow y = 2x$

Substituindo: $4(2x) + 12 = 20x \Rightarrow 12x = 12 \Rightarrow x = 1$, $y = 2$

$$QB = 5y = 10 \text{ cm}$$

09 Sabendo que AB = 19 cm, determine x e y.

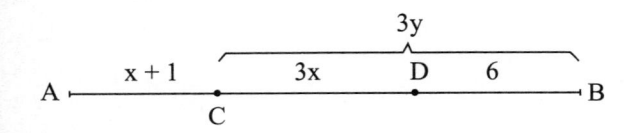

Resolução:

$AB = (x+1) + 3x + 6 = 19$
$$4x + 7 = 19 \Rightarrow x = 3$$

$CB = 3y = 3x + 6 = 15 \Rightarrow y = 5$

10 O Sr. Alvarus vai cortar um cano de 300 cm em três pedaços, de modo que o primeiro pedaço meça o dobro do segundo e o terceiro seja 20 cm menor que o segundo. Quanto medirá cada pedaço?

Resolução:

Seja s o segundo pedaço. Então o primeiro é $2s$ e o terceiro é $s - 20$.
$$2s + s + (s - 20) = 300$$
$$4s = 320 \Rightarrow s = 80$$

Primeiro pedaço: 160 cm; Segundo pedaço: 80 cm; Terceiro pedaço: 60 cm.

11 Os pontos A, B e C, nesta ordem, pertencem a uma mesma reta. Determine AB, sabendo que AC = 28 cm e BC = 15 cm.

12 A reta r contém os pontos, A, B e C (diz-se que A, B e C são colineares). Determine AC, sabendo que AB = 32 cm e BC = 10 cm.

13 Os pontos A, B e C são colineares, com AC = 5x e BC = 2x. Determine AC, sabendo que AB = 63 cm.

14 Os pontos A, B e C são colineares. Determine AB e BC, sabendo que AB é o quíntuplo de BC e AC = 72 cm.

15 Os pontos A, B e C nesta ordem, pertencem a uma mesma reta. Seja M o ponto médio de AB e N o ponto médio de BC. Prove que $MN = \dfrac{AB}{2}$.

16 Os pontos A, B e P, nesta ordem, pertencem a uma mesma reta. Se M é o ponto médio de $\overline{AP}$, N é ponto médio de $\overline{BP}$ e AB = 64 cm, quanto mede $\overline{MN}$?

II ÂNGULOS

A) SEMI-RETA

Definição: dados dois pontos distintos A e B, chama-se semi-reta AB (indica-se $\overrightarrow{AB}$) ao conjunto formado pela união do segmento $\overline{AB}$ com todos os pontos X pertencentes à reta determinada por A e B e tais que B **está entre** A e X.

Observação: a semi-reta $\overrightarrow{BA}$ é chamada de semi-reta oposta de $\overrightarrow{AB}$.

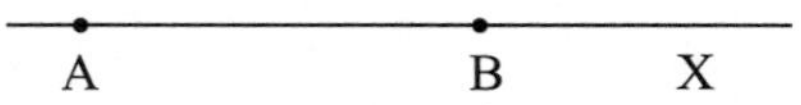

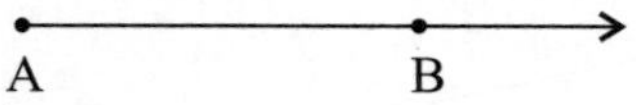

B) ÂNGULO

Definição: dados três pontos não colineares A, O e B, chama-se ângulo AÔB a reunião das semi-retas $\overrightarrow{OA}$ e $\overrightarrow{OB}$.

Observação: O é chamado de vértice do ângulo, as semi-retas $\overrightarrow{OA}$ e $\overrightarrow{OB}$ são chamadas lados do ângulo AÔB.

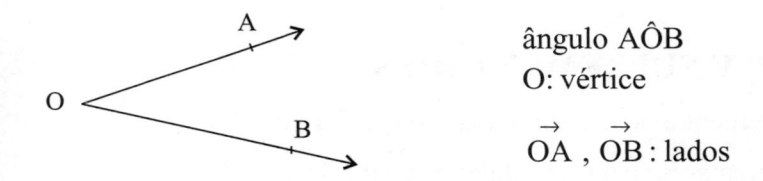

ângulo AÔB
O: vértice
$\overrightarrow{OA}$, $\overrightarrow{OB}$: lados

C) ÂNGULOS OPOSTOS PELO VÉRTICE (o.p.v.)

Definição: dois ângulos são opostos pelo vértice se os lados de um deles são semi-retas opostas aos lados do outro.

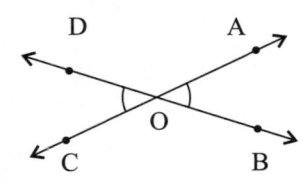

AÔB e CÔD são o.p.v.
AÔD e BÔC são o.p.v.

D) MEDIDA DE UM ÂNGULO

O padrão usado para medir ângulos é o grau. O instrumento usado para tal medição é o transferidor. Veja figura:

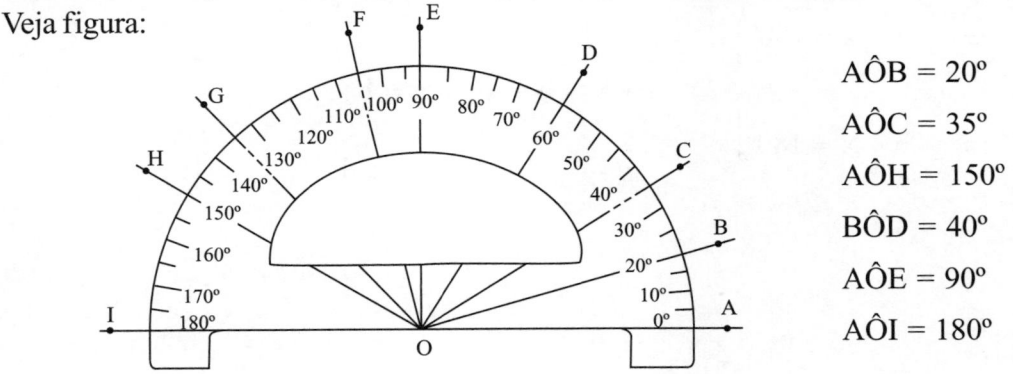

AÔB = 20°
AÔC = 35°
AÔH = 150°
BÔD = 40°
AÔE = 90°
AÔI = 180°

7

E) BISSETRIZ DE UM ÂNGULO.

Definição: chama-se bissetriz de um ângulo AÔB a semi-reta com origem em O e que determina com os lados $\vec{OA}$ e $\vec{OB}$ dois ângulos adjacentes de mesma medida.

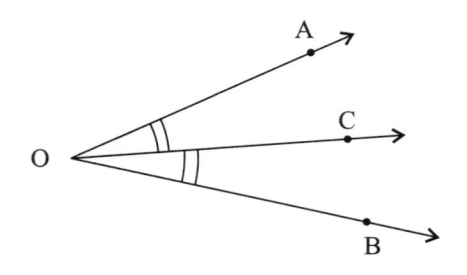

AÔC = BÔC $\Rightarrow$ $\vec{OC}$ é bissetriz de AÔB.

F) ÂNGULOS NULO, AGUDO, RETO, OBTUSO E RASO.

Seja x = AÔB.

Se x = 0°, então x é ângulo nulo.

Se 0° < x < 90°, então x é ângulo agudo.

Se x = 90°, então x é ângulo reto (as retas que contêm seus lados são ditas perpendiculares).

Se 90° < x < 180°, então x é ângulo obtuso.

Se x = 180°, então x é ângulo raso.

G) ÂNGULOS COMPLEMENTARES E SUPLEMENTARES.

Definição 1: dois ângulos são ditos complementares se a soma deles é igual a 90°.

Definição 2: dois ângulos são ditos suplementares se a soma deles é igual a 180°.

EXERCÍCIOS RESOLVIDOS

***Resolvido* 05** Prove que ângulos opostos pelo vértice têm medidas iguais.

$\overset{?}{\Rightarrow}$ a = b

Solução:

$\Rightarrow$ a + x = 180°

$\Rightarrow$ b + x = 180°

$\Rightarrow$ a + x = b + x $\Rightarrow$ a = b

c.q.d.

Geometria Plana - 8º ano   Ângulos

Resolvido 06 Determine x e y na figura abaixo.

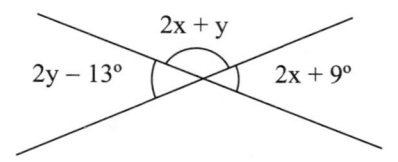

[figura: duas retas cruzando-se, com ângulos 2y − 13°, 2x + y, 2x + 9°]

Solução: $\begin{cases} 2x + 9 = 2y - 13 \\ 2x + y + 2x + 9 = 180 \end{cases} \Rightarrow \begin{cases} 2x - 2y = -22 \\ 4x + y = 171 \end{cases} \Rightarrow$

$\Rightarrow \begin{cases} x - y = -11 \;(+) \\ 4x + y = 171 \end{cases}$
$\quad\quad 5x \quad\quad = 160 \Rightarrow \boxed{x = 32°}$

Sendo $x - y = -11$, tem-se: $32 - y = -11 \Rightarrow \boxed{y = 43°}$

Resposta: x = 32°, y = 43°

Resolvido 07 Na figura abaixo, $\vec{OP}$ é bissetriz de AÔB. Calcule os valores de x e y.

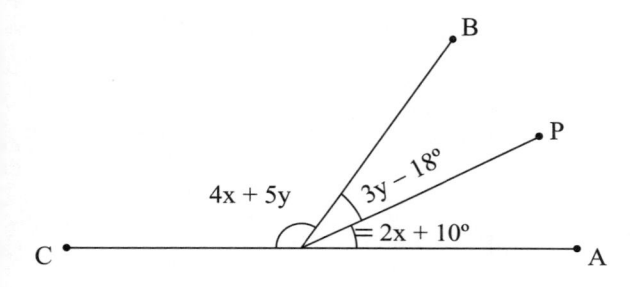

[figura: ângulos 4x + 5y, 3y − 18°, 2x + 10°, com pontos C, A, B, P]

Solução:

$\vec{OP}$ bissetriz $\Rightarrow 2x + 10° = 3y - 18°$

AÔC = 180° $\Rightarrow 4x + 5y + 3y - 18° + 2x + 10° = 180$

$\Rightarrow \begin{cases} 2x - 3y = -28° \\ 6x + 8y = 188° \end{cases} \Rightarrow \begin{cases} 2x - 3y = -28 \;(×4) \\ 3x + 4y = 94 \;(×3) \end{cases} \Rightarrow \begin{cases} 8x - 12y = -112 \\ 9x + 12y = 282 \end{cases}$

Somando as duas últimas equações: $17x = 170° \Rightarrow \boxed{x = 10°}$

$2x - 3y = -28 \Rightarrow 2.10 - 3y = -28 \Rightarrow \boxed{y = 16°}$

Resposta: x = 10°, y = 16°

Geometria Plana - 8º ano

Ângulos

EXERCÍCIOS

17 Determine o valor de x nos casos abaixo:

a. [x, 37°]

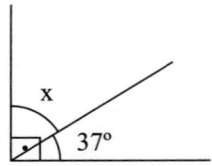

b. [37°, x, 64°]

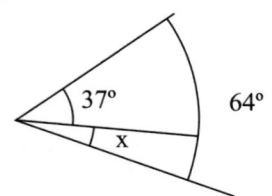

c. [2x + 64°, 42°]

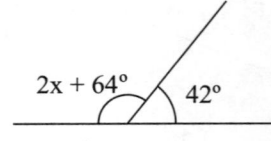

d. [4x, x]

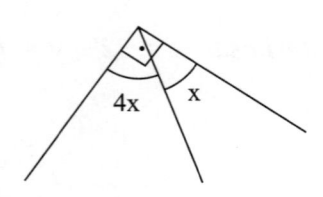

e. [114°, 80° – 2x, 78°]

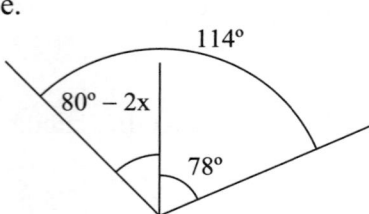

f. [2x – 12°, 5x + 17°]

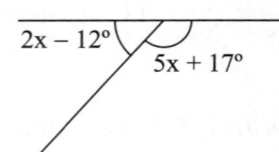

g. [60° – 4x, 2x + 6°]

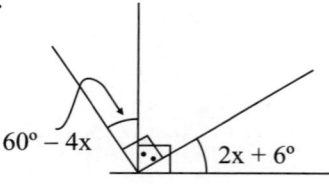

h. [5x – 16°, 50° – x]

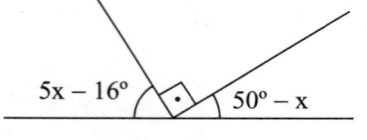

i. [32°, x]

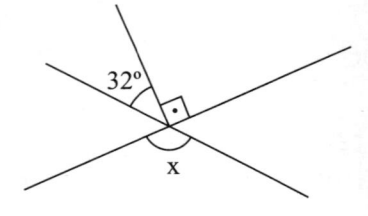

Geometria Plana - 8º ano — Ângulos

18 Determine os valores de x, y e AÔB nos casos abaixo:

a.

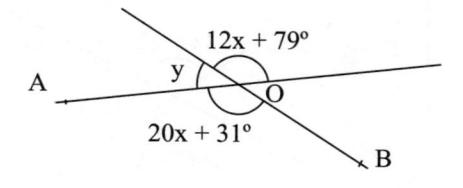

$12x + 79°$
$20x + 31°$
y
A, O, B

b.

$10x - 2°$
$50° - 3x$
y
A, O, B

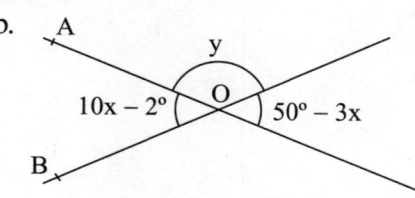

c.

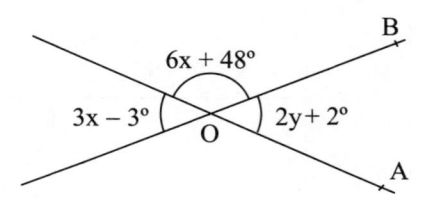

$6x + 48°$
$3x - 3°$
$2y + 2°$
B, O, A

d.

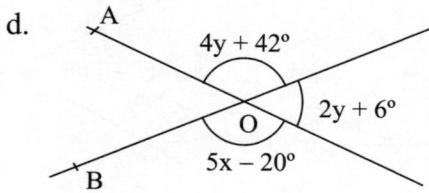

$4y + 42°$
$2y + 6°$
$5x - 20°$
A, O, B

e.

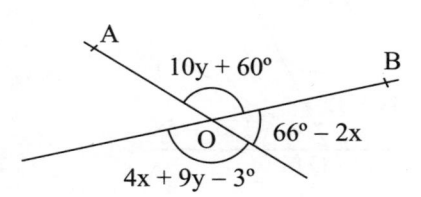

$10y + 60°$
$66° - 2x$
$4x + 9y - 3°$
A, O, B

f.

$y - 10°$
x
$5x + 2y$
A, O, B

11

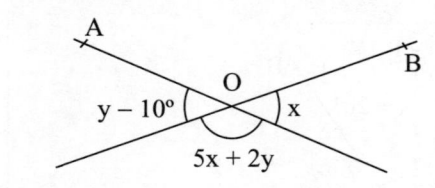

Geometria Plana - 8º ano — Ângulos

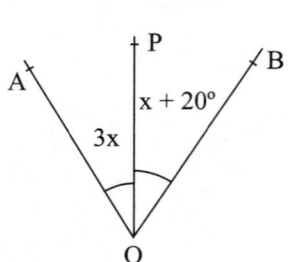

19 Calcule x nos casos abaixo:

a. $4x + 10°$; $2x + 8°$ (com ângulo reto)

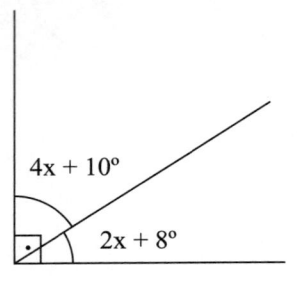

b. $160° - 3x$; $5x + 4°$

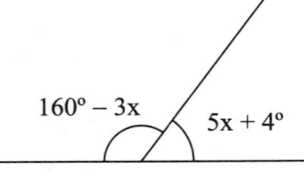

c. $3x + 22°$; $166° - x$

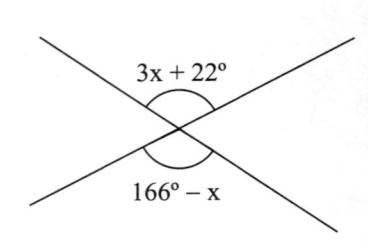

d. $54° - 2x$; $6x$ (com ângulo reto)

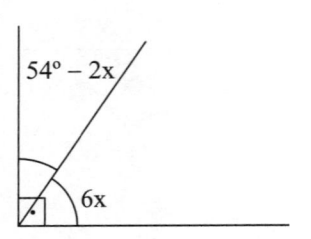

e. $4x + 11°$; $86° - x$

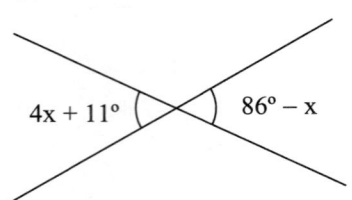

f. $x + 9°$; $6x + 10°$

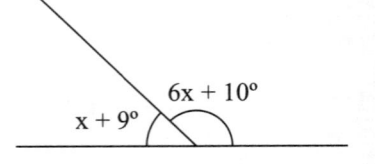

20 Se $\vec{OP}$ é bissetriz de $A\hat{O}B$, determine x:

a. $3x$; $x + 20°$ (com P entre A e B)

b. $4x + 32°$; $125° - 5x$

12

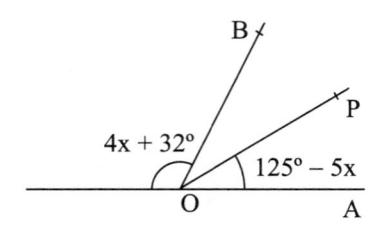

Geometria Plana - 8º ano   Ângulos

21 Calcule x nos casos abaixo:

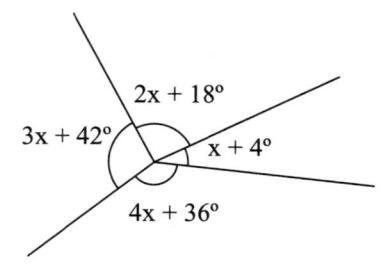

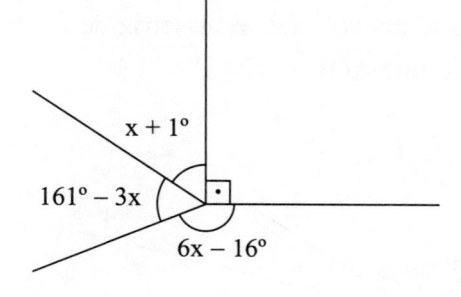

a.
- $2x + 18°$
- $3x + 42°$
- $x + 4°$
- $4x + 36°$

b.
- $x + 1°$
- $161° - 3x$
- $6x - 16°$

22 Determine x e y nos casos abaixo:

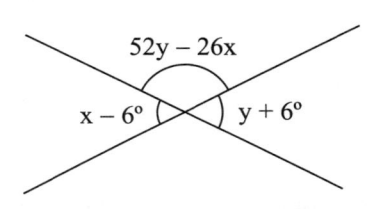

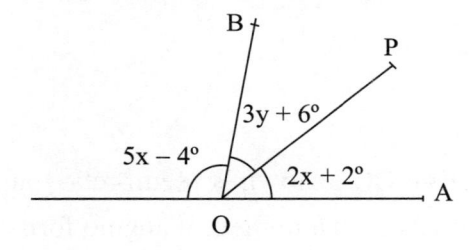

a.
- $52y - 26x$
- $x - 6°$
- $y + 6°$

b. $\overrightarrow{OP}$ é bissetriz de AÔB
- $3y + 6°$
- $5x - 4°$
- $2x + 2°$

13

23 Na figura abaixo, $\vec{OP}$ é bissetriz de AÔB e $\vec{OQ}$ é bissetriz de BÔC. Determine a medida de PÔQ, sabendo que AÔC = 124°.

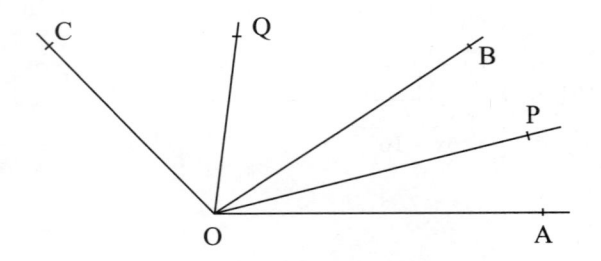

24 As semi-retas $\vec{OA}, \vec{OB}$ e $\vec{OC}$ são tais que AÔB = 46° e BÔC = 18°. Quanto mede AÔC?

25 As semi-retas $\vec{OA}, \vec{OB}$ e $\vec{OC}$ são tais que AÔB é o triplo de BÔC. Determine as medidas de AÔB e BÔC, sabendo que AÔC = 40°.

26 AÔB e BÔC são ângulos tais que AÔB é o quádruplo de BÔC. Determine as medidas de AÔB e BÔC, dado que AÔC = 120°.

27 $\vec{OA}, \vec{OB}$ e $\vec{OC}$ são três semi-retas tais que o maior ângulo formado por duas delas é AÔC = 104°. Quanto mede o ângulo formado pelas bissetrizes de AÔB e BÔC?

28 Na figura abaixo $\vec{OP}$ e $\vec{OQ}$ são bissetrizes de AÔB e BÔC, respectivamente. Se PÔQ = 59°, quanto mede AÔC?

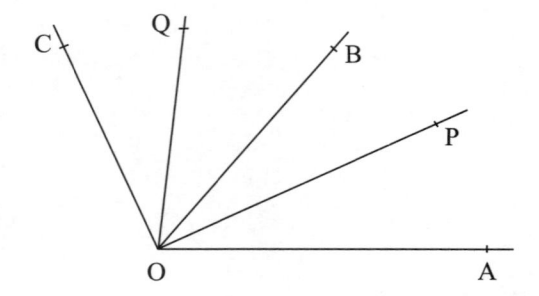

III PARALELISMO

A) ÂNGULOS DE DUAS RETAS E UMA TRANSVERSAL

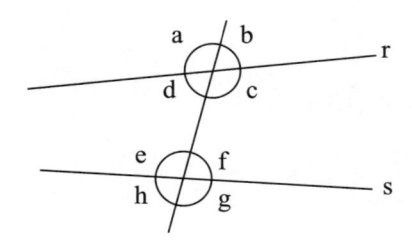

Dadas duas retas r e s, paralelas ou não, cortadas por uma transversal, os ângulos determinados por elas são denominados de:

alternos internos os seguintes pares de ângulos: (**c** e **e**), (**d** e **f**)

alternos externos os seguintes pares de ângulos: (**a** e **g**), (**b** e **h**)

colaterais internos os seguintes pares de ângulos: (**c** e **f**), (**d** e **e**)

colaterais externos os seguintes pares de ângulos: (**a** e **h**), (**b** e **g**)

correspondentes: (**a** e **e**), (**b** e **f**), (**c** e **g**), (**d** e **h**)

B) RETAS PARALELAS

Definição: Duas retas são paralelas (símbolo //) se são coincidentes ou são coplanares e não têm ponto em comum.

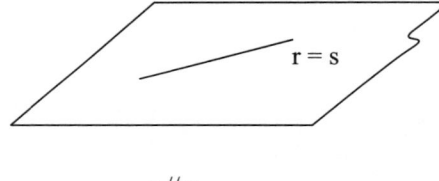

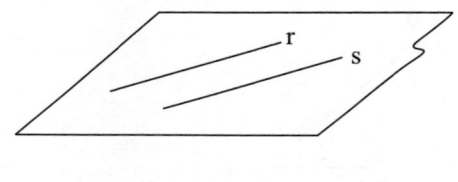

C) TEOREMAS

T1 | Se duas retas cortadas por uma transversal determinam um par de ângulos alternos internos de mesma medida, então elas são paralelas.

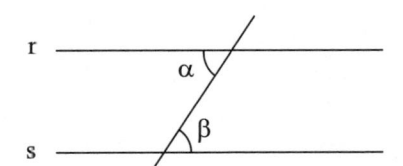

$$\alpha = \beta \Rightarrow r // s$$

T2 | Se duas retas paralelas distintas são cortadas por uma transversal, então dois ângulos alternos internos obtidos têm mesma medida.

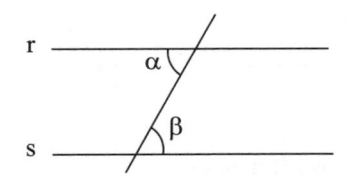

$$r // s \Rightarrow \alpha = \beta$$

15

T3 Se duas retas cortadas por uma transversal determinam um par de ângulos alternos internos de medidas diferentes, então elas não são paralelas.

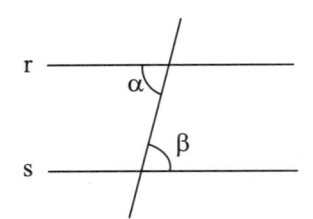

$$\alpha \neq \beta \Rightarrow r \not\parallel s$$

EXERCÍCIOS RESOLVIDOS

***Resolvido* 08** Na figura abaixo, $r \parallel s$. Determine x e y.

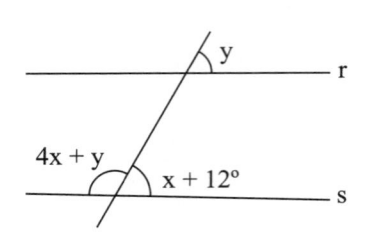

Solução: $\left.\begin{array}{l} x + 12° = y \\ 4x + y + x + 12° = 180° \end{array}\right\} \Rightarrow \begin{cases} x - y = -12° \\ 5x + y = 168° \end{cases}$

Somando-se as duas últimas equações obtemos
$6x = 156° \Rightarrow \boxed{x = 26°}$

Sendo $x - y = -12$, então $26° - y = -12 \Rightarrow \boxed{y = 38°}$

***Resposta:* $x = 26°$, $y = 38°$**

***Resolvido* 09** Prove que a soma dos ângulos internos de um triângulo é igual a 180°.
Solução:

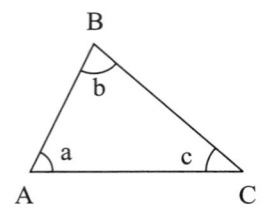

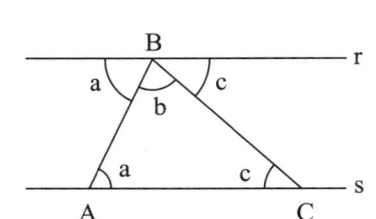

Seja r a reta por B paralela à reta suporte do lado $\overline{AC}$ do triângulo ABC. No vértice B consideremos os ângulos alternos aos ângulos **a** e **c**, respectivamente. Verifica-se facilmente que, no vértice B, tem-se $a + b + c = 180°$

c.q.d.

***Resolvido* 10** Calcule x, sendo $r \parallel s$.

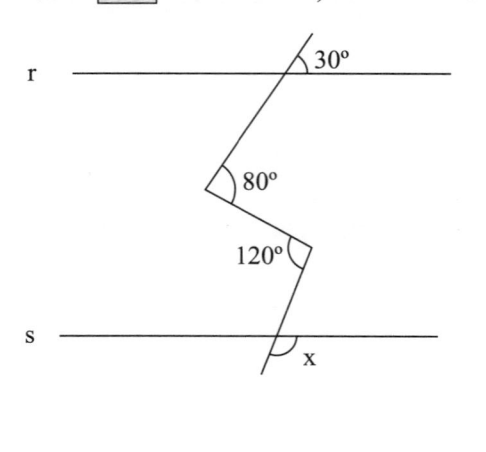

Solução:

1° modo:

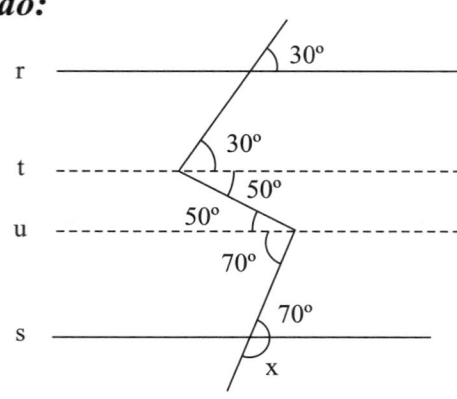

traçam-se as paralelas auxiliares **t** e **u**, obtendo-se as medidas indicadas (ângulos alternos).
Então $x + 70° = 180° \Rightarrow x = 110°$

x = 110°

2º modo: (provaremos mais adiante que a soma dos ângulos internos de um quadrilátero é igual a 360º).

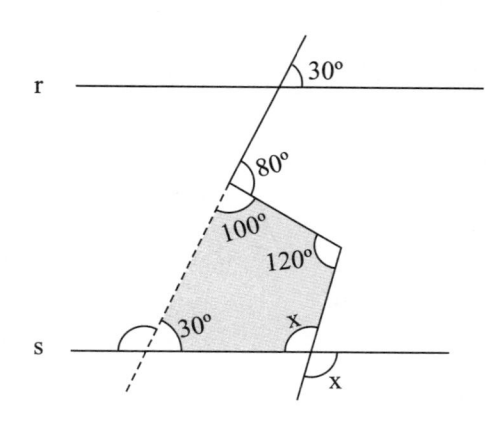

Prolongando-se a transversal, obtém-se o quadrilátero sombreado com as respectivas medidas indicadas. Então:

$$x + 120º + 100º + 30º = 360º$$

$$\therefore x = 110º$$

3º modo: análogo ao anterior

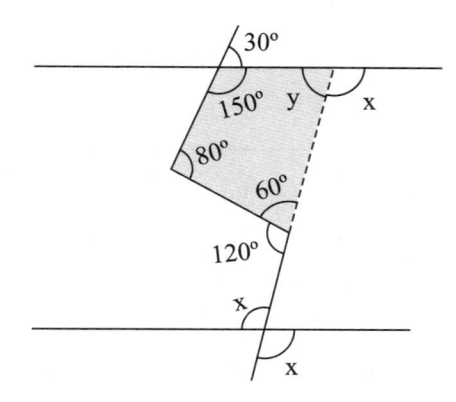

$$y + 150º + 80º + 60º = 360º \Rightarrow y = 70º$$

$$x + y = 180º \Rightarrow x + 70º = 180º \Rightarrow x = 110º$$

4º modo: Prolongando-se o segmento AB, obtém-se dois triângulos conforme indica a figura. Não é difícil constatar as medidas indicadas.

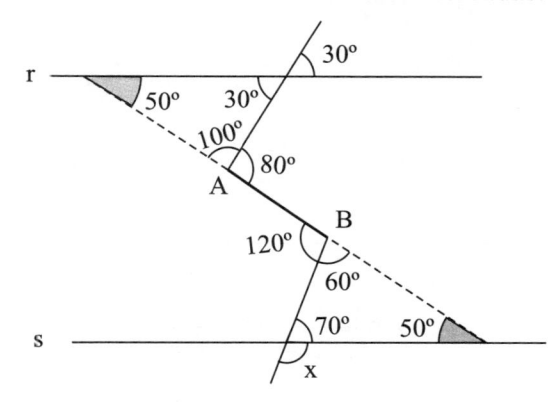

Então, $x + 70º$

$$\therefore x = 110º$$

Resposta: 110º

Resolvido 11 Sendo r // s, calcule x.

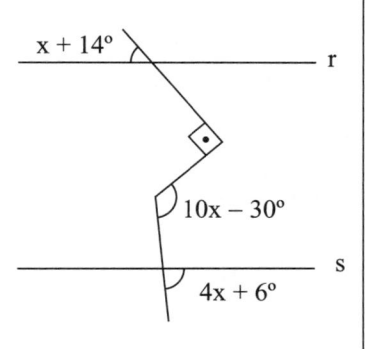

Solução:

$$\begin{cases} a + x + 14 + 90 = 180 \\ a + 4x + 6 + 210 - 10x = 180 \end{cases}$$

Portanto:

$$a + x + 14 + 90 = a + 4x + 6 + 210 - 10x$$

Daí

$$\boxed{x = 16º}$$

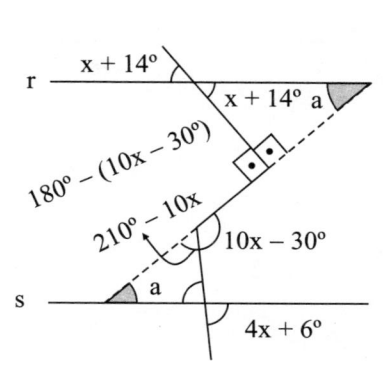

Resposta: 16º

Geometria Plana - 8º ano   Paralelismo

EXERCÍCIOS

29 Determine o valor das incógnitas, dado que r e s são paralelas.

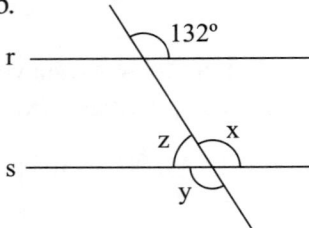

a.
r, t; ângulos x, y e 62°

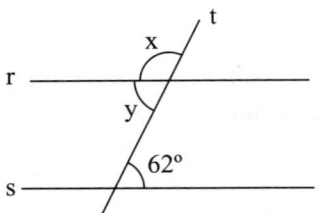

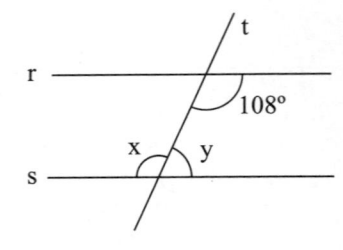

b.
r, s, t; ângulos 132°, x, y, z

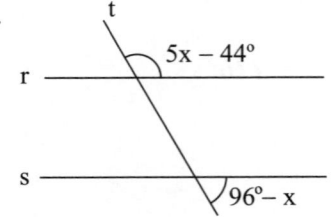

c.
r, s, t; ângulos 108°, x, y

d.
r, s, t; ângulos $5x - 44°$ e $96° - x$

e.
r, s, t; ângulos $6x - 56°$, $140° - x$, y

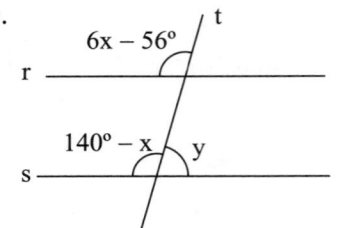

f.
r, s, t; ângulos $5x$, $3y + 14°$, $7x - 12°$

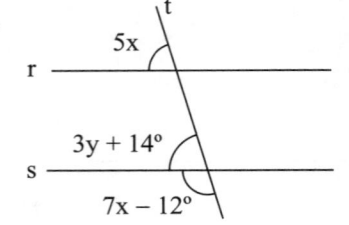

g.
r, s, t; ângulos $10x + 6°$, $5x + 2y$, $12y - 38°$

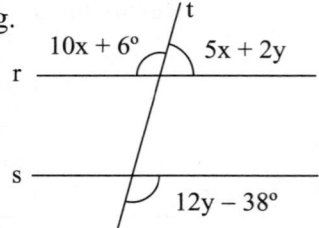

h.
r, s, t; ângulos $4x$, $4x + 2y$, $6y + 40°$

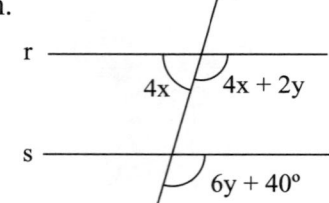

i.
r, s, t; ângulos $4y + 5°$, $3y - 6x$, $10x + 13°$

18

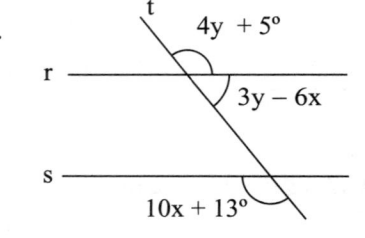

Geometria Plana - 8º ano — *Paralelismo*

30 Nas figuras abaixo tem-se r // s. Determine as incógnitas.

a. r, x, 126°, 72°, y

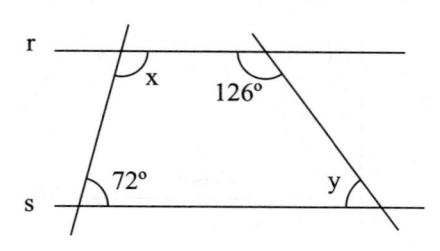

b. 109°, 2y + 48°, x, 4y

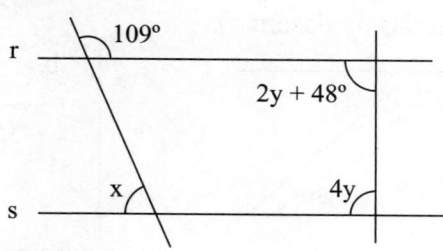

c. 3y + 17°, 5x − 12°, 7x + 6°

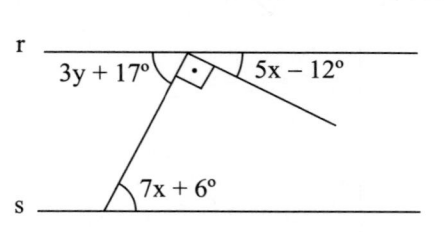

d. 10x + 50°, 8x + 74°, 10y − 30°, 5y + 5°

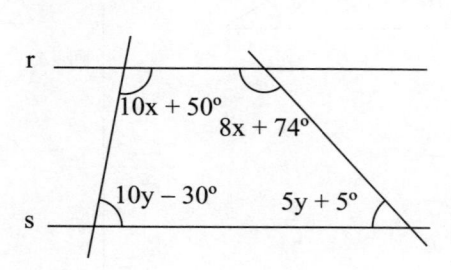

e. y, x, 60°, 70°, z

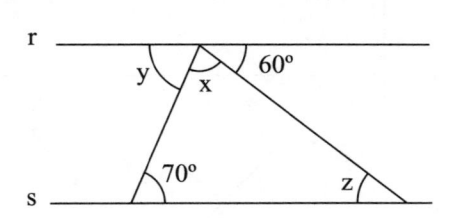

f. t // u; x, y, 48°, z

19

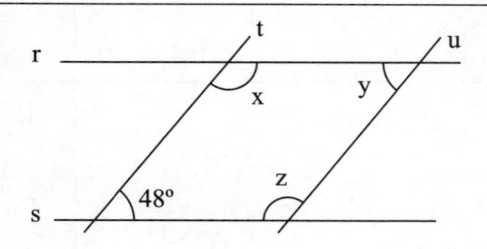

Geometria Plana - 8º ano — Paralelismo

31 Determine as incógnitas das figuras abaixo (considere r paralela a s, sempre que estas retas forem indicadas no desenho).

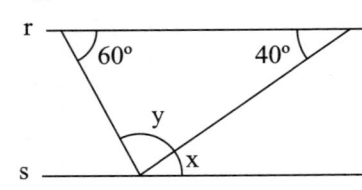

a. [figura com r ∥ s, ângulos x, y, z em r e 70°, 30° em s]

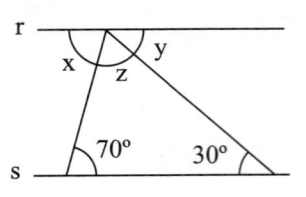

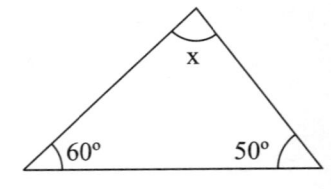

b. [figura com r ∥ s, ângulos 60° e 40° em r, x e y em s]

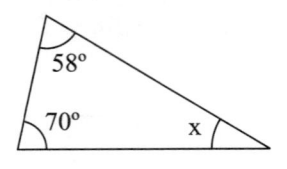

c. [triângulo com ângulos x, 60° e 50°]

d. [triângulo com ângulos 58°, 70° e x]

e. [triângulo retângulo com ângulos x e 32°]

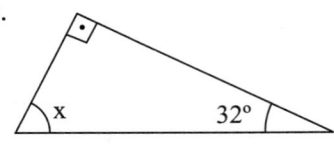

f. [triângulo com ângulos 126°, x e x]

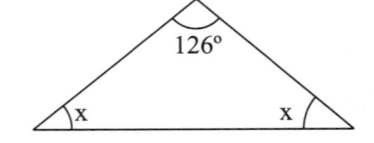

g. [r ∥ s, ângulos 52° em r, 64° em s, x no meio]

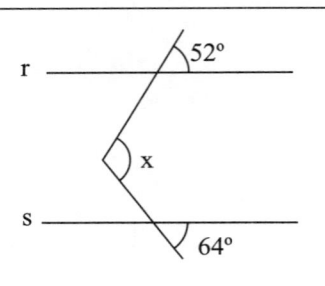

h. [r ∥ s, ângulos 38° em r, 123° em s, x no meio]

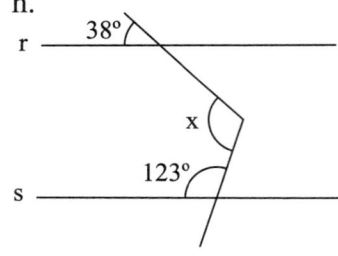

i. [r ∥ s, ângulos 110° em r, 130° em s, x no meio]

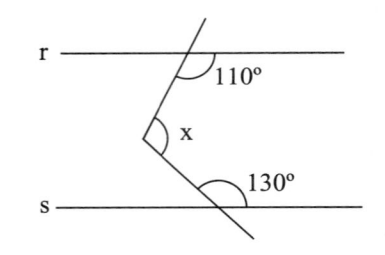

j. [figura com ângulo reto, x e 150°, retas r e s]

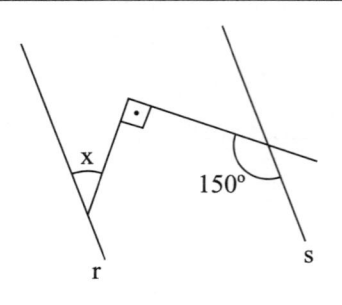

l. [figura com r ∥ s, ângulos 120°, 140° e x]

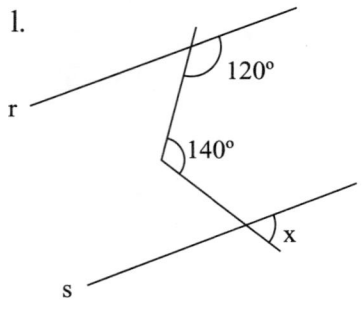

m. [figura com r ∥ s, ângulos 36°, 80° e x]

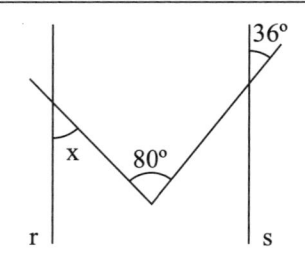

32 Nas figuras abaixo tem-se r // s. Determine as incógnitas.

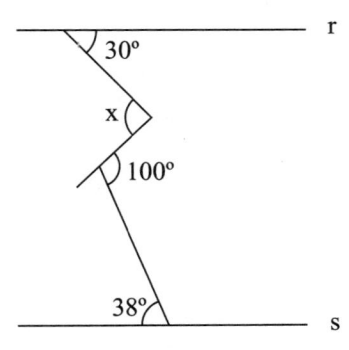

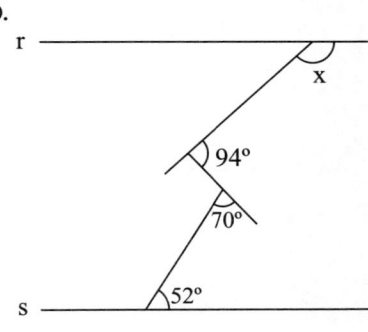

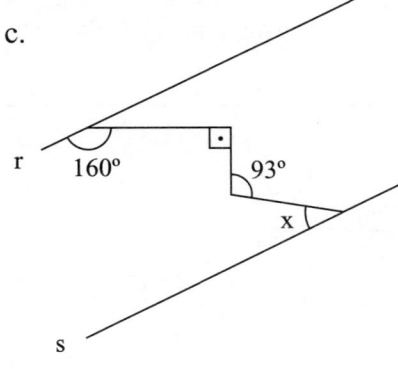

a. [Figura com ângulos de 30°, x, 100° e 38° entre retas paralelas r e s]

b. [Figura com ângulos x, 94°, 70° e 52° entre retas paralelas r e s]

c. [Figura com ângulos 160°, 90° (ângulo reto), 93° e x entre retas paralelas r e s]

33 Na figura abaixo tem-se r // s. Determine x.

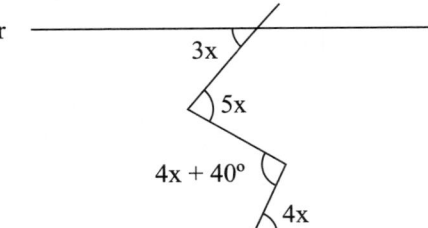

[Figura com ângulos 3x, 5x, 4x + 40° e 4x entre retas paralelas r e s]

34 Determine x, sendo r // s.

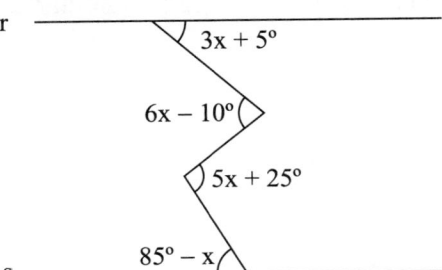

[Figura com ângulos 3x + 5°, 6x − 10°, 5x + 25° e 85° − x entre retas paralelas r e s]

35 *(FGV – 74)* Considere as retas r , s , t , u , todas num mesmo plano, com r // u . Determine o valor em graus de 2x + 3y.

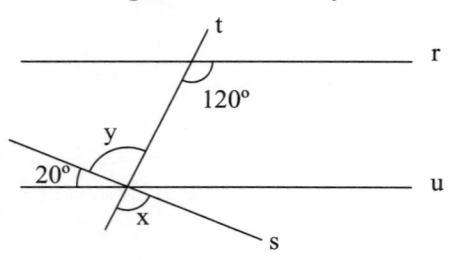

36 *(FUVEST – 96)* Determine a medida do ângulo assinalado como x.

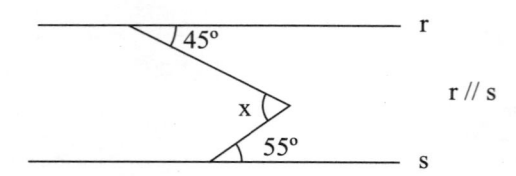

r // s

37 *(FUVEST – 98)* Sendo t e s paralelas, determine a medida do ângulo x.

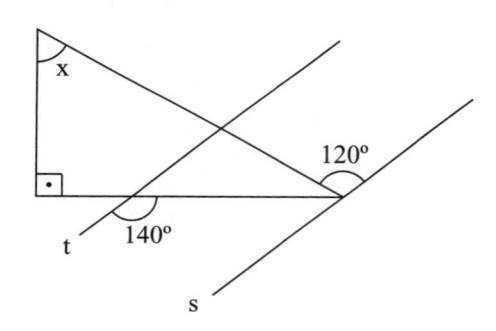

38 *(CESGRANRIO – 89)* Na figura, as retas r e r' são paralelas, e a reta s é perpendicular a t. Determine a medida do ângulo x.

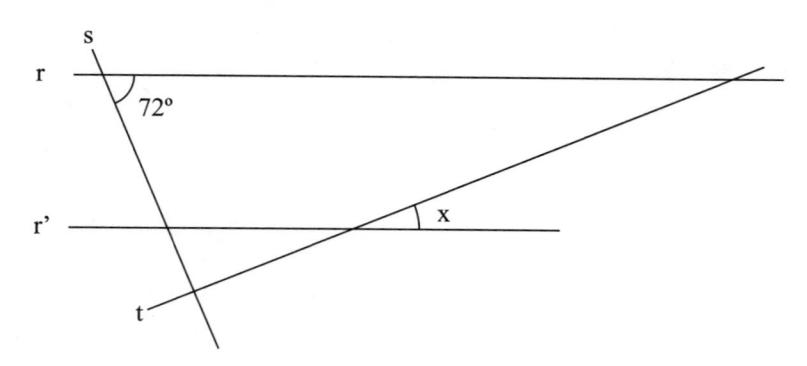

IV TRIÂNGULOS (Congruência)

A) DEFINIÇÃO:

Dados três pontos A, B e C, não colineares, chama-se triângulo ABC (notação $\triangle ABC$), à união dos segmentos $\overline{AB}$, $\overline{AC}$ e $\overline{BC}$.

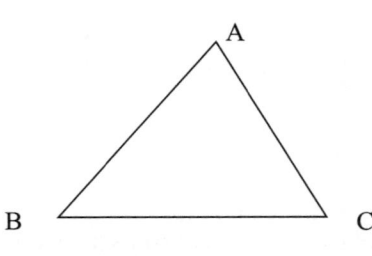

$$\triangle ABC = \overline{AB} \cup \overline{AC} \cup \overline{BC}$$

B) ELEMENTOS:

Vértices: são os pontos **A**, **B** e **C**.

Lados: são os segmentos $\overline{AB}$, $\overline{AC}$ e $\overline{BC}$.

Ângulos internos: são os ângulos **BÂC**, **AB̂C** e **AĈB**

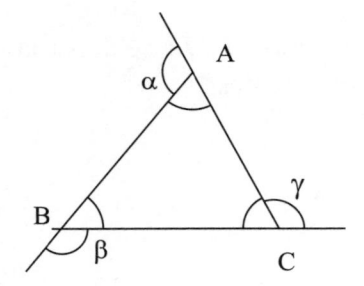

Ângulos externos: são adjacentes e suplementares dos ângulos internos, a saber, α, β e γ (alfa, beta e gama, respectivamente).

C) CONGRUÊNCIA DE TRIÂNGULOS.

Observação: no que segue chamaremos de ângulos congruentes aqueles que tenham mesma medida e lados (ou segmentos) congruentes aqueles que tenham mesma medida.

Definição: dois triângulos são congruentes (notação: $\equiv$) se for possível estabelecer uma correspondência entre seus vértices de modo que:

* *ângulos de vértices correspondentes sejam congruentes e*
* *lados determinados por vértices correspondentes sejam congruentes.*

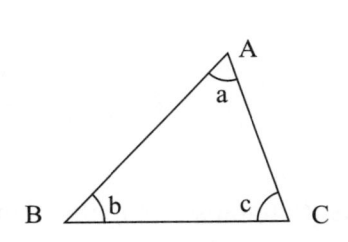

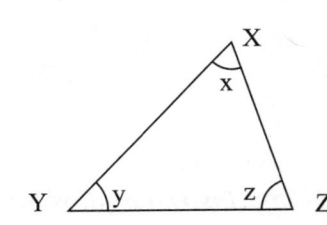

$$\triangle ABC \equiv \triangle XYZ \Rightarrow \begin{cases} AB = XY \\ AC = XZ \\ BC = YZ \\ a = x \\ b = y \\ c = z \end{cases}$$

D) CASOS DE CONGRUÊNCIA

Para verificarmos se dois triângulos são congruentes não é necessário verificar as três congruências entre os ângulos e as três congruências entre os lados, como vistas na definição anterior. Basta verificarmos três delas, convenientemente escolhidas, para decidir se os triângulos são ou não congruentes.

1º caso – LAL: se dois triângulos têm ordenadamente congruentes dois lados e o ângulo compreendido entre esses lados, então os triângulos são semelhantes (isto é, o lado restante e os outros dois ângulos também são ordenadamente congruentes).

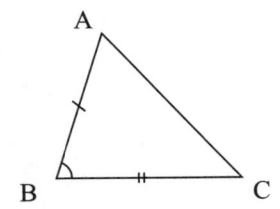

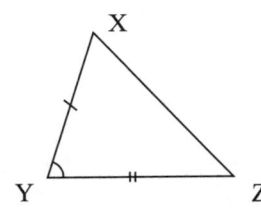

$$\left. \begin{array}{l} AB = XY \\ A\hat{B}C = X\hat{Y}Z \\ BC = YZ \end{array} \right\} \stackrel{LAL}{\Rightarrow} \triangle ABC \equiv \triangle XYZ$$

(Portanto, $\hat{A} = \hat{X}$

$\hat{C} = \hat{Z}$ e $AC = XZ$)

23

2º caso – ALA: se dois triângulos têm ordenadamente congruentes um lado e os dois ângulos a ele adjacentes, então esses triângulos são congruentes.

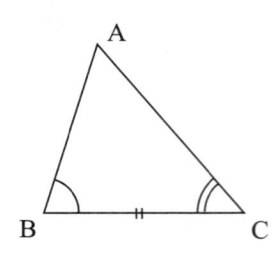

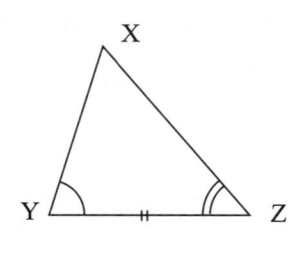

$$\left.\begin{array}{l}\hat{B} = \hat{Y} \\ BC = YZ \\ \hat{C} = \hat{Z}\end{array}\right\} \stackrel{ALA}{\Rightarrow} \triangle ABC \equiv \triangle XYZ$$

3º caso – LLL: se dois triângulos têm ordenadamente congruentes os três lados, então esses triângulos são congruentes.

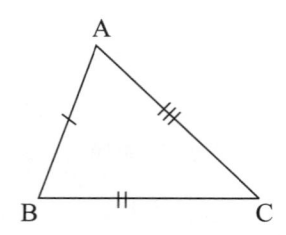

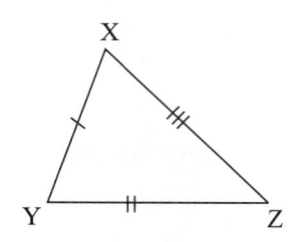

$$\left.\begin{array}{l}AB = XY \\ AC = XZ \\ BC = YZ\end{array}\right\} \stackrel{LLL}{\Rightarrow} \triangle ABC \equiv \triangle XYZ$$

4º caso – LAA$_o$: se dois triângulos têm ordenadamente congruentes um lado, um ângulo adjacente e o ângulo posto a esse lado, então esses triângulos são congruentes.

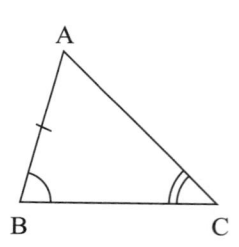

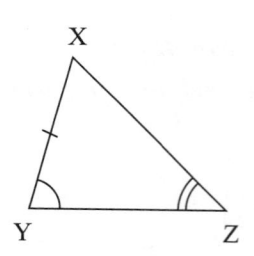

$$\left.\begin{array}{l}AB = XY \\ \hat{B} = \hat{Y} \\ \hat{C} = \hat{Z}\end{array}\right\} \stackrel{LAA_o}{\Rightarrow} \triangle ABC \equiv \triangle XYZ$$

5º caso – Caso especial de congruência de triângulos retângulos: se dois triângulos retângulos têm ordenadamente congruentes um cateto e a hipotenusa, então esses triângulos são congruentes.

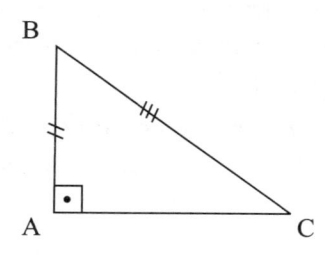

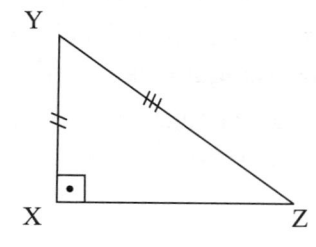

$$\left.\begin{array}{l}AB = XY \\ BC = YZ\end{array}\right\} \stackrel{cat-hip}{\Rightarrow} \triangle ABC \equiv \triangle XYZ$$

Geometria Plana - 8º ano — Triângulos (Congruência)

EXERCÍCIOS

39 Nos triângulos abaixo, os ângulos com marcas iguais têm mesma medida e o mesmo vale para os lados. Responda em cada item se os triângulos são congruentes ou não. Em caso afirmativo, escrever qual o caso de congruência.

a.

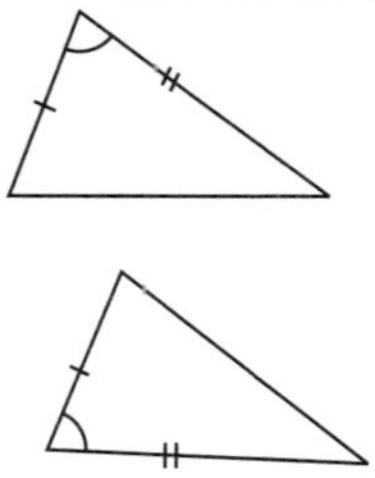

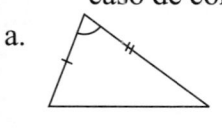

b.

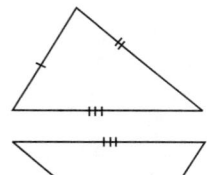

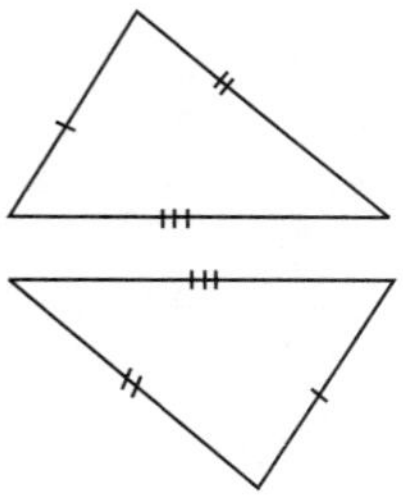

c.

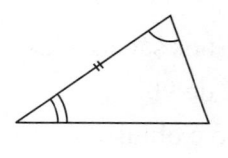

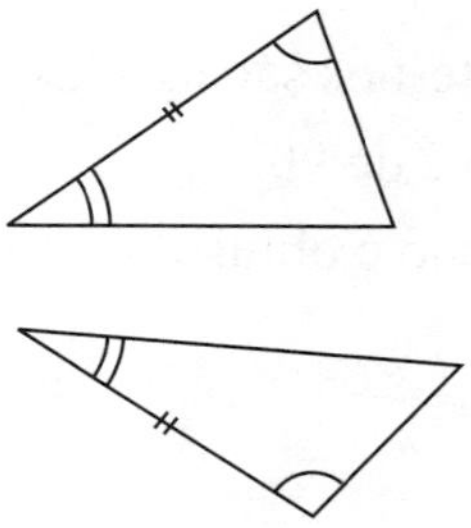

d.

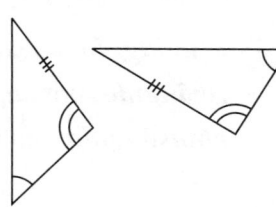

e.

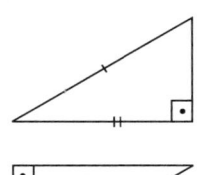

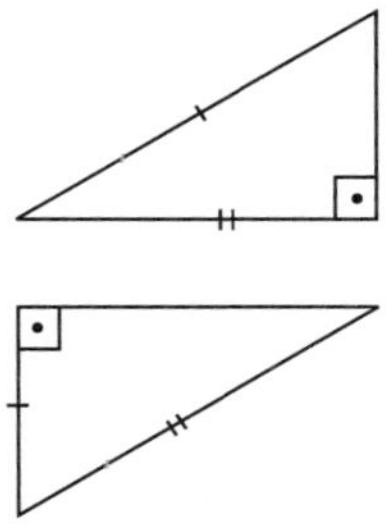

f.

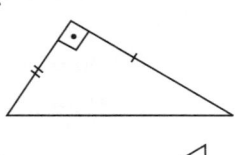

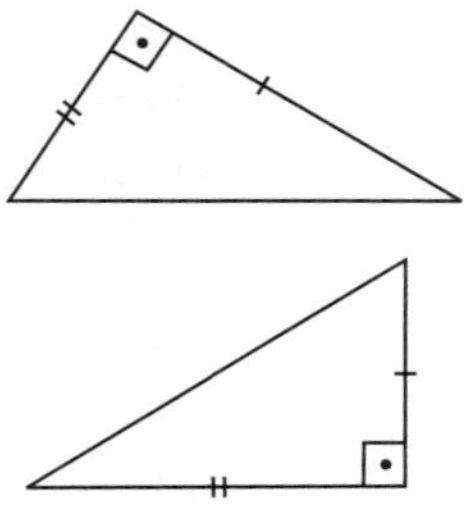

g.

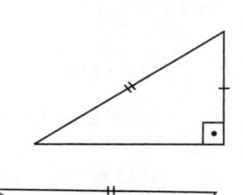

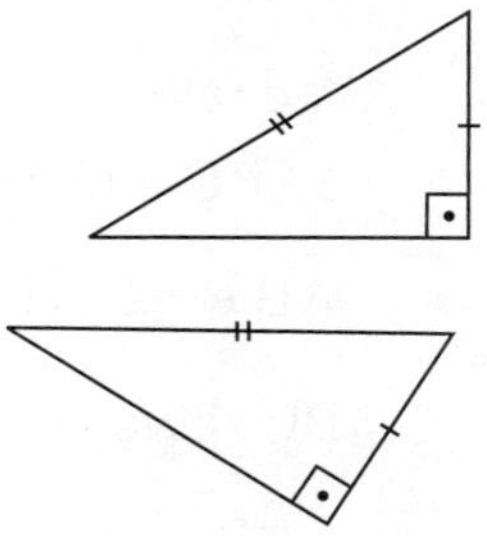

h.

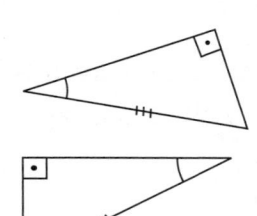

i.

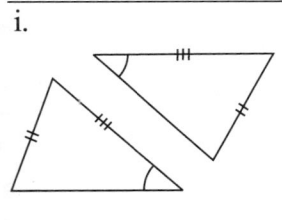

j.

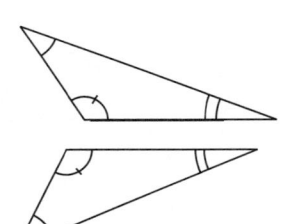

l.

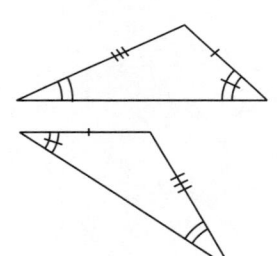

m.

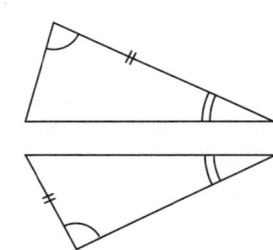

n.

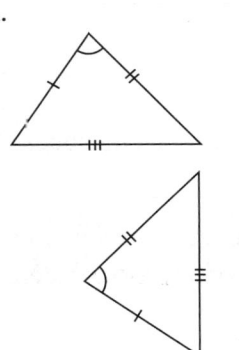

o.

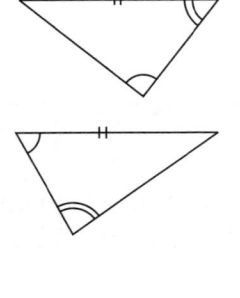

p.

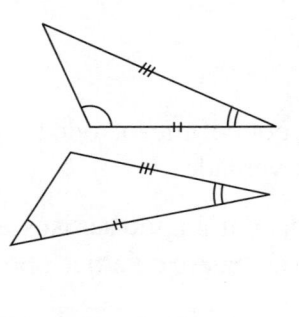

q.

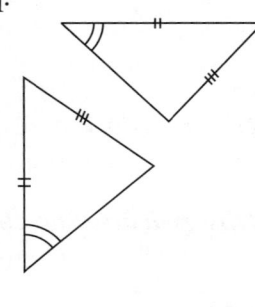

V TRIÂNGULOS

A) CLASSIFICAÇÃO:

˘ Quanto aos ângulos:

acutângulo: todos ângulos internos são agudos.
retângulo: um ângulo interno é de 90°.
obtusângulo: um ângulo interno é obtuso.

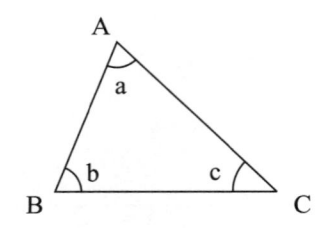

a, b e c são agudos
ΔABC é acutângulo

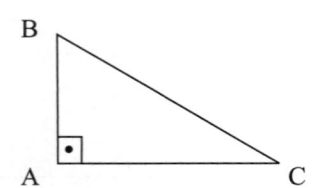

 é reto
ΔABC é retângulo

$\overline{AB}$ e $\overline{AC}$: catetos

$\overline{BC}$: hipotenusa

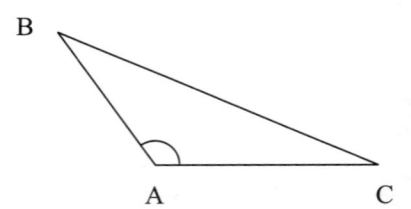

 é obtuso
ΔABC é obtusângulo

˘ Quanto aos lados:

isósceles: possui pelo menos dois lados congruentes.
equilátero: possui os três lados congruentes.
escaleno: não tem dois lados congruentes.

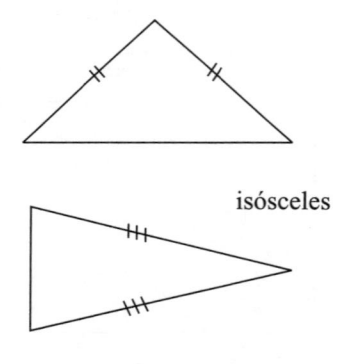

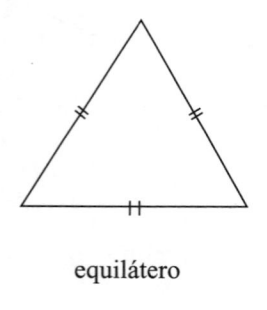

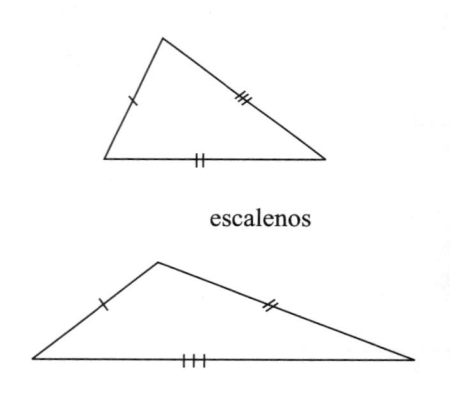

isósceles

equilátero

escalenos

Observação 1: note que, por definição, todo triângulo equilátero é isósceles. O contrário não é, necessariamente, verdade.

Observação 2: no caso de o triângulo ser isósceles não equilátero, o lado diferente dos outros dois é chamado de **base** e o vértice oposto à ela será chamado o **vértice do triângulo isósceles**.

Observação 3: no triângulo equilátero qualquer lado é base.

B) LINHAS E PONTOS NOTÁVEIS

Medianas

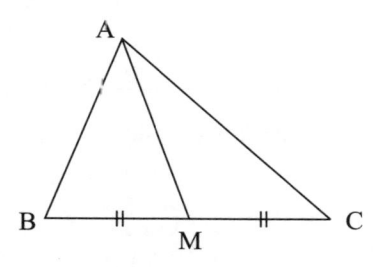

$\overline{AM}$: mediana

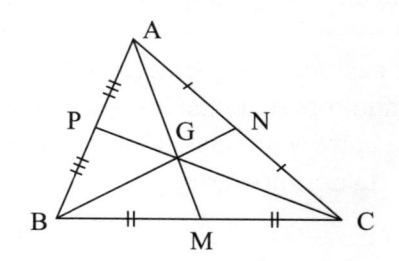

G: baricentro de ΔABC

As três **medianas** de um triângulo são concorrentes em um mesmo ponto chamado **baricentro**.

Bissetrizes

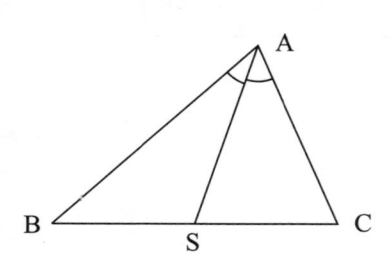

$\overline{AS}$: bissetriz

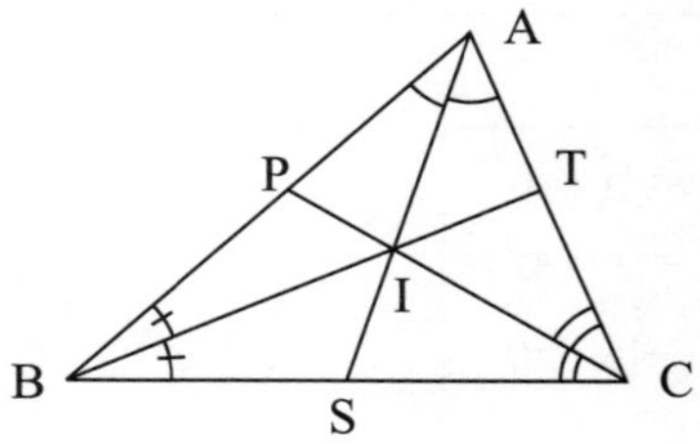

I: Incentro do ΔABC

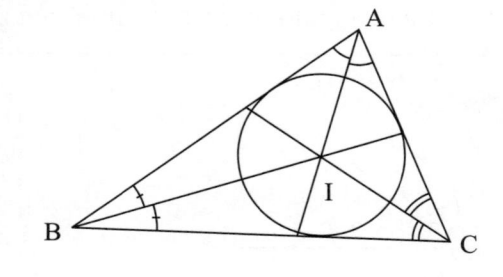

O incentro de um triângulo é o centro da circunferência nele inscrita.

Mediatrizes

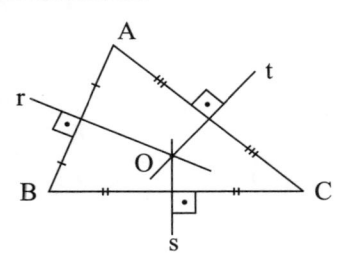

r, s, t: mediatrizes
O: circuncentro

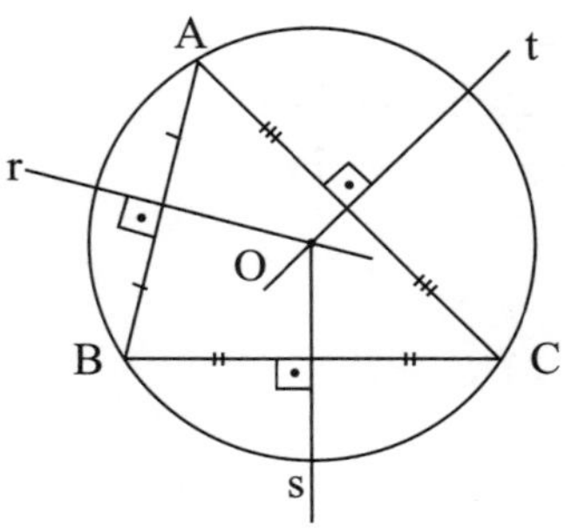

ΔABC acutângulo

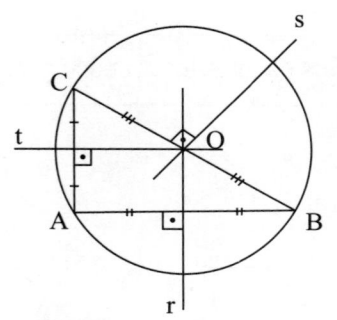

ΔABC retângulo

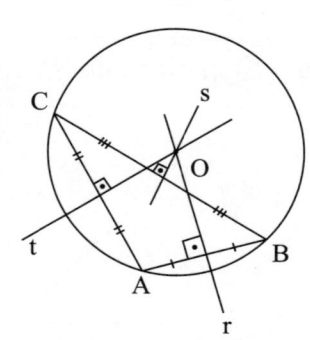

ΔABC obtusângulo

Alturas

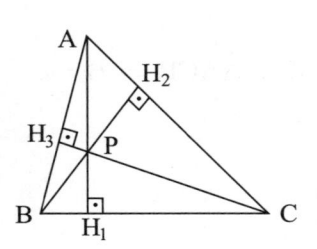

$\overline{AH_1}$, $\overline{BH_2}$, $\overline{CH_3}$: alturas
P: ortocentro
ΔABC acutângulo

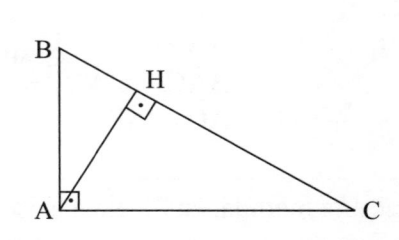

$\overline{AH}$, $\overline{BA}$, $\overline{CA}$: alturas
A: ortocentro
ΔABC retângulo

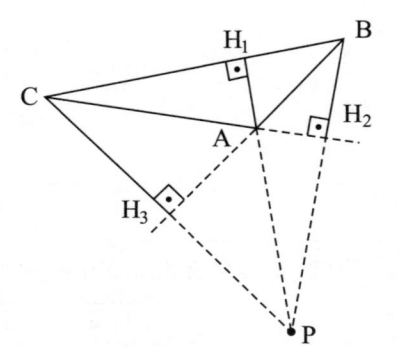

$\overline{AH_1}$, $\overline{BH_2}$, $\overline{CH_3}$: alturas
P: ortocentro
ΔABC obtusângulo

C) TEOREMAS

T4 A soma dos ângulos internos de um triângulo qualquer é igual a 180°

$a + b + c = 180°$

Demonstração: seja s a reta que passa por A paralela à reta que contém os vértices B e C, digamos r. Usando o fato de que os ângulos alternos entre paralelas têm mesma medida temos, no vértice A,

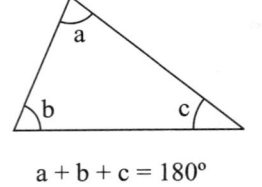

$a + b + c = 180°$

T5 Cada ângulo externo de um triângulo é igual a soma dos dois internos não adjacentes a ele.

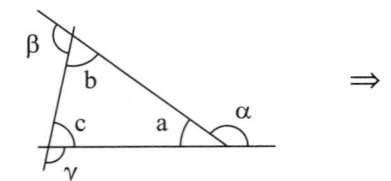

$\alpha = b + c$
$\beta = a + c$
$\gamma = a + b$

Demonstração: $\left.\begin{array}{l}\alpha + a = 180°\\ a + b + c = 180°\end{array}\right\} \Rightarrow \alpha + a = a + b + c \Rightarrow \alpha = b + c$

Analogamente obtemos $\beta = a + c$ e $\gamma = a + b$

T6 Num triângulo isósceles os ângulos da base têm mesma medida.

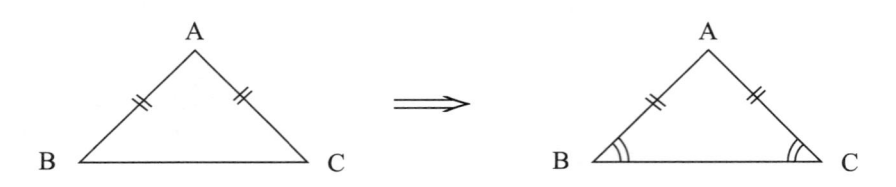

Demonstração:

$\left.\begin{array}{l}AB = AC\\ B\hat{A}C = C\hat{A}B\\ AC = AB\end{array}\right\} \xrightarrow{LAL} \triangle ABC \equiv \triangle ACB \Rightarrow \hat{B} = \hat{C}$

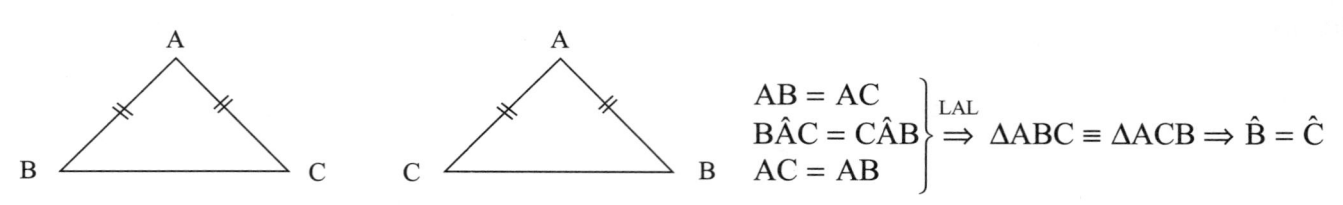

T7 Se um triângulo tem dois ângulos com mesma medida, então ele é isósceles.

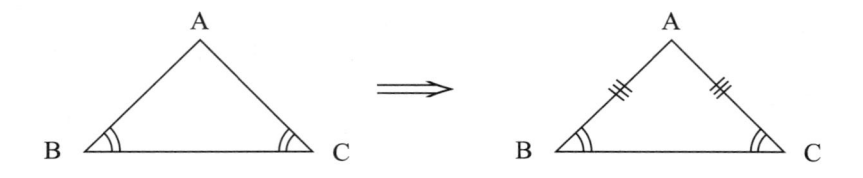

Geometria Plana - 8º ano   Triângulos

Demonstração:

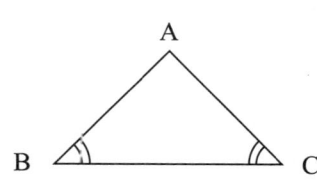

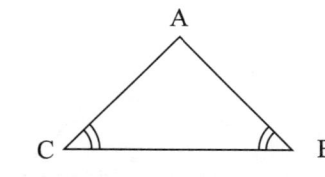

$\left.\begin{array}{l}\hat{B} = \hat{C} \\ BC = CB \\ \hat{C} = \hat{B}\end{array}\right\} \xrightarrow{ALA} \Delta ABC \equiv \Delta ACB \Rightarrow AB = AC$

T8 | A altura relativa à base de um triângulo isósceles também é mediana e bissetriz.

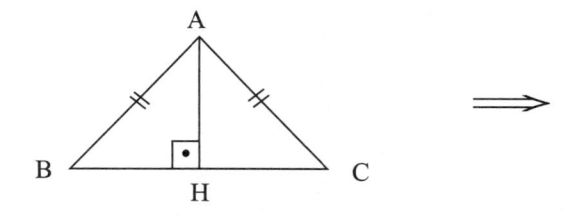

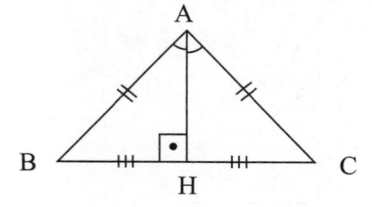

Demonstração:

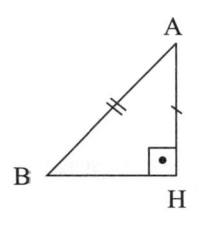

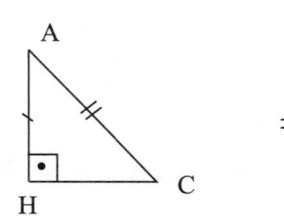

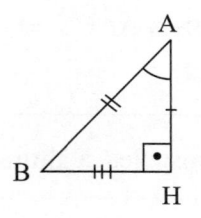

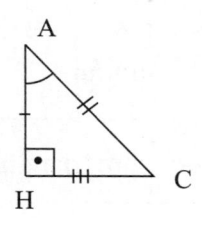

$\left.\begin{array}{l}AH \text{ é comum} \\ AB = AC\end{array}\right\} \xrightarrow{cat.hip} \Delta ABH \equiv \Delta ACH \Rightarrow \begin{cases} B\hat{A}H = C\hat{A}H \quad (\therefore \overline{AH} \text{ é bissetriz}) \\ BH = CH \quad (\therefore \overline{AH} \text{ é mediana}) \end{cases}$

T9 | A mediana relativa à base de um triângulo isósceles também é altura e bissetriz.

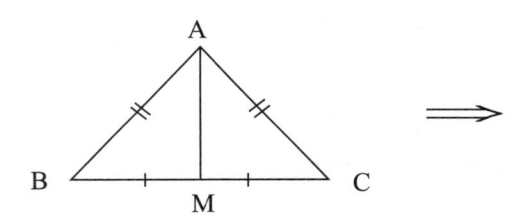

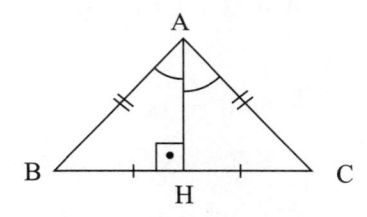

Demonstração:

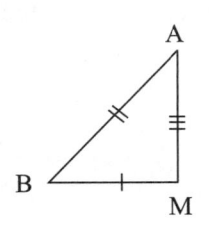

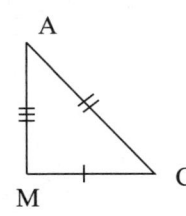

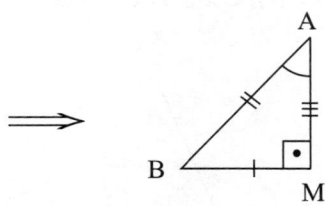

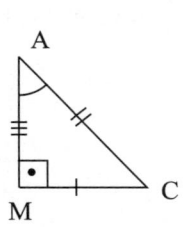

$\left.\begin{array}{l}\overline{AM} \text{ é comum} \\ AB = AC \\ BM = CM\end{array}\right\} \xrightarrow{LLL} \Delta ABM \equiv \Delta ACM \Rightarrow \begin{cases} B\hat{A}M = C\hat{A}M \quad (\therefore \overline{AM} \text{ é bissetriz}) \\ A\hat{M}B = A\hat{M}C \\ A\hat{M}B + A\hat{M}C = 180° \end{cases} \Rightarrow \begin{cases} A\hat{M}B = 90° \\ A\hat{M}C = 90° \end{cases} (\therefore \overline{AM} \text{ é altura})$

Geometria Plana - 8º ano — Triângulos

T10 A bissetriz do ângulo oposto à base de um triângulo isósceles também é altura e mediana.

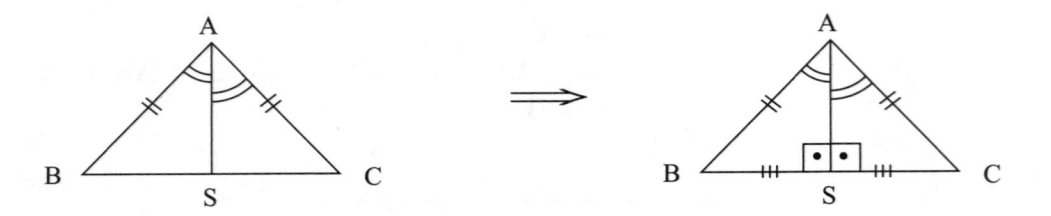

Demonstração:

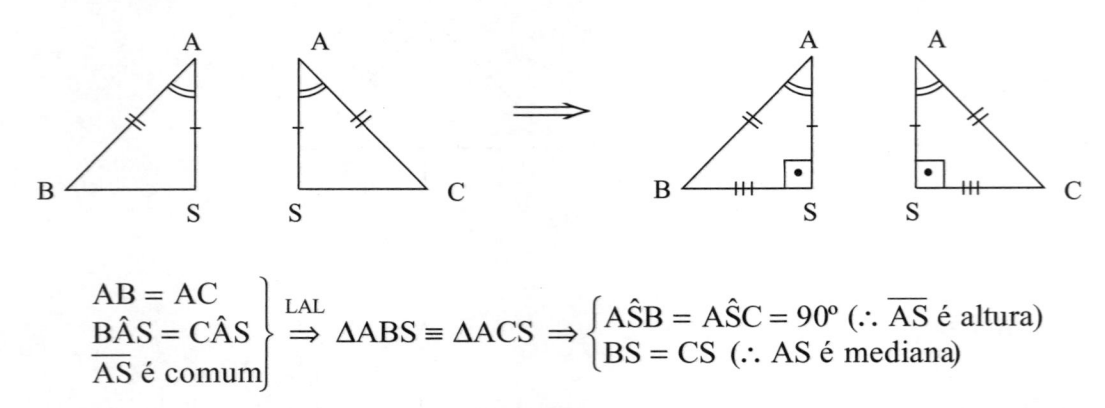

$$\left.\begin{array}{l} AB = AC \\ B\hat{A}S = C\hat{A}S \\ \overline{AS} \text{ é comum} \end{array}\right\} \stackrel{LAL}{\Rightarrow} \triangle ABS \equiv \triangle ACS \Rightarrow \begin{cases} A\hat{S}B = A\hat{S}C = 90º \ (\therefore \overline{AS} \text{ é altura}) \\ BS = CS \ (\therefore \text{ AS é mediana}) \end{cases}$$

Conclusão: num triângulo isósceles, a altura, a mediana e a bissetriz, relativas à base, são coincidentes.

EXERCÍCIOS RESOLVIDOS

Resolvido **12** Determine os ângulos internos do $\triangle ABC$, dados $\hat{A} = 40º + 4x$; $\hat{B} = 50º + 5x$ e $\hat{C} = 30º + 3x$.

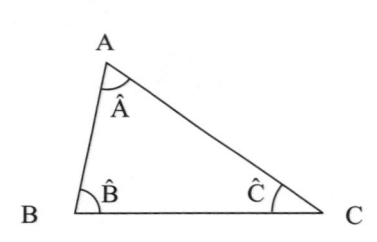

Solução:

$\hat{A} + \hat{B} + \hat{C} = 180º \Rightarrow 40º + 4x + 50º + 5x + 30º + 3x = 180º$

$x = 5º$

$\hat{A} = 40º + 4x \Rightarrow \hat{A} = 40º + 4.5º \Rightarrow \hat{A} = \mathbf{60º}$

$\hat{B} = 50º + 5x \Rightarrow \hat{B} = 50º + 5.5º \Rightarrow = \mathbf{75º}$

$\hat{C} = 30º + 3x \Rightarrow \hat{C} = 30º + 3.5º \Rightarrow = \mathbf{45º}$

Resposta: $\hat{A} = \mathbf{60º}$, $\hat{B} = \mathbf{75º}$, $\hat{C} = \mathbf{45º}$

Resolvido **13** Na figura abaixo, I é o incentro do $\triangle ABC$. Calcule o valor do ângulo interno do vértice A.

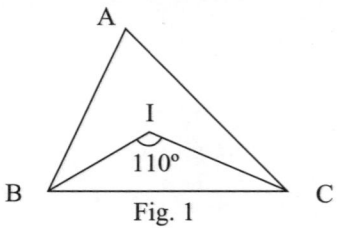

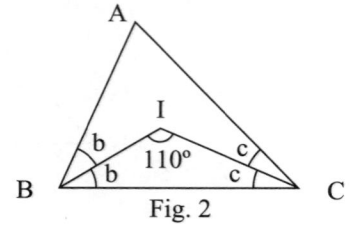

Solução: (veja Fig. 2)

$\triangle BIC$: $b + c + 110º = 180º \Rightarrow b + c = 70º$

$\triangle ABC$: $\hat{A} + 2b + 2c = 180º \Rightarrow \hat{A} + 2(b+c) = 180º \Rightarrow \hat{A} + 2.70º = 180º \Rightarrow \boxed{\hat{A} = 40º}$

Resposta: 40º

Geometria Plana - 8º ano   Triângulos

Resolvido 14 O triângulo ABC é isósceles de base $\overline{BC}$. Determine o seu perímetro.

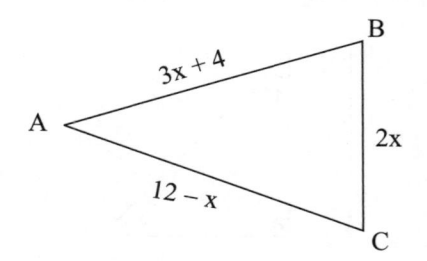

Solução:

1) $AB = AC \Rightarrow 3x + 4 = 12 - x \Rightarrow \mathbf{x = 2}$
2) $AB + AC + BC = 3x + 4 + 12 - x + 2x$
   $AB + AC + BC = 4x + 16$
   $AB + AC + BC = 4.2 + 16 \Rightarrow AB + AC + BC = 24$

Resposta: 24

Resolvido 15 O triângulo ABC é isósceles de base $\overline{BC}$ e o perímetro dele é igual a 30 cm. Determine x e y.

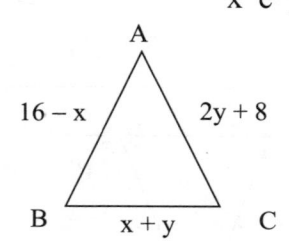

Solução:

$AB = AC \Rightarrow 16 - x = 2y + 8$
$AB + AC + BC = 30 \Rightarrow 16 - x + 2y + 8 + x + y = 30$

$\begin{cases} x + 2y = 8 \\ 3y = 6 \end{cases} \Rightarrow x = \mathbf{4\ cm}$ e $y = \mathbf{2\ cm}$

Resposta: x = 4cm , y = 2 cm

Resolvido 16 O triângulo ABC é isósceles de base $\overline{BC}$ e $\overline{AH}$ é altura relativa à base. Calcule x e y.

Solução:

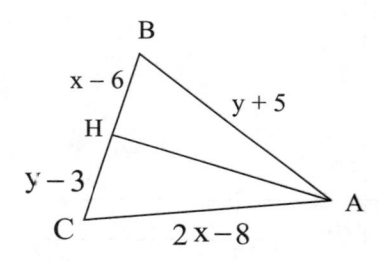

1) AH também é mediana
   $x - 6 = y - 3 \Rightarrow x - y = 3$

C2) $AB = AC \Rightarrow 2x - 8 = y + 5 \Rightarrow 2x - y = 13$

$\begin{cases} x - y = 3 \\ 2x - y = 13 \end{cases} \Rightarrow \begin{cases} -x + y = -3 \\ \underline{2x - y = 13} \oplus \\ x\ \ \ \ \ = 10 \end{cases} \Rightarrow y = 7$

Resposta: x = 10 , y = 7

Resolvido 17 O △ABC abaixo é equilátero. Calcule o seu perímetro.

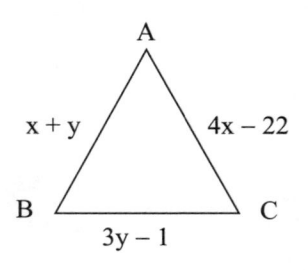

Solução:

$AB = AC \Rightarrow x + y = 4x - 22 \Rightarrow y = 3x - 22$
$AB = BC \Rightarrow x + y = 3y - 1 \Rightarrow x = 2y - 1$
Substituindo: $x = 2.(3x - 22) - 1 \Rightarrow x = 6x - 44 - 1 \Rightarrow \mathbf{x = 9}$
$y = 3x - 22 \Rightarrow y = 3.9 - 22 \Rightarrow \mathbf{y = 5}$
$AB = x + y \Rightarrow AB = 14$
Portanto, o perímetro do △ABC $= 3.14 = \mathbf{42}$

Resposta: 42

Resolvido 18 Calcule x e y.

Solução:

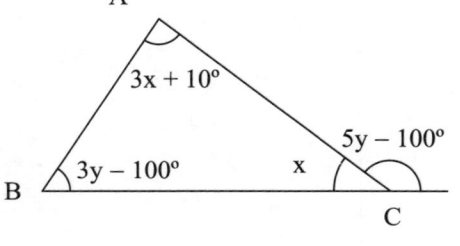

$\hat{A} + \hat{B} + \hat{C} = 180º \Rightarrow 3x + 10º + 3y - 100º + x = 180º$
$5y - 100º$ é externo $\Rightarrow 5y - 100º = 3x + 10º + 3y - 100º$

$\Rightarrow \begin{cases} 4x + 3y = 270º & \times 2 \\ 3x - 2y = -10º & \times 3 \end{cases} \Rightarrow \begin{cases} 8x + 6y = 540º \\ \underline{9x - 6y = -30º} \oplus \end{cases}$

$17x = 510º$
$\mathbf{x = 30º}$

Substituindo: $3x - 2y = -10$
$3.30 - 2y = -10 \Rightarrow \mathbf{y = 50º}$

Resposta: x = 30º , y = 50º

31

Geometria Plana - 8º ano   Triângulos

EXERCÍCIOS

40 Determine o valor de x nos casos abaixo:

a. [triângulo com ângulos 70°, 50° e x]

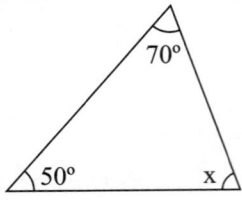

b. [triângulo com ângulos x, 30° e 80°]

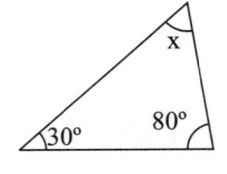

c. [triângulo retângulo com ângulos x e 30°]

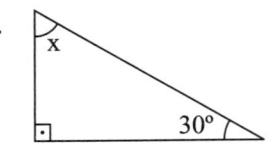

d. [triângulo retângulo com ângulos 45° e x]

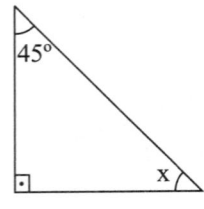

e. AB = AC [triângulo com A = 80°, B = x, C = y]

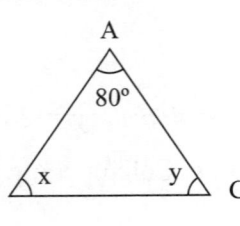

f. PQ = PR [triângulo com R = 70°, P = x]

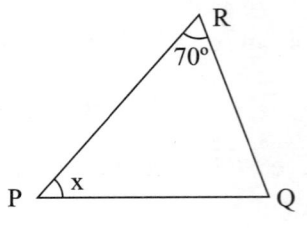

g. ST = TU [triângulo com T = 2x, S = 4x]

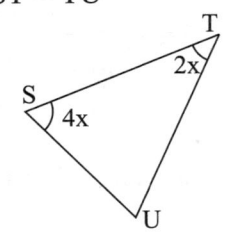

h. [triângulo isósceles com ângulo do vértice 134° e base x]

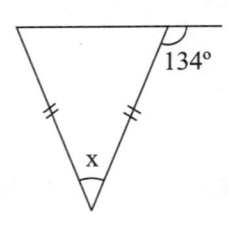

i. [triângulo retângulo com ângulos 2x e x]

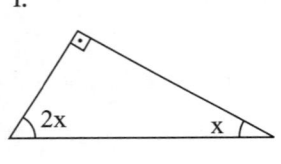

j. [triângulo retângulo com ângulos 7x − 14° e 2x − 4°]

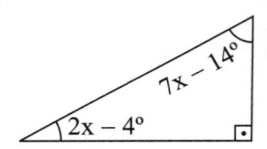

l. [triângulo retângulo com ângulos x e 5x]

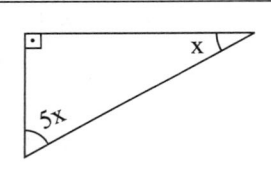

m. [triângulo retângulo com ângulos 3x e 3x + 6°]

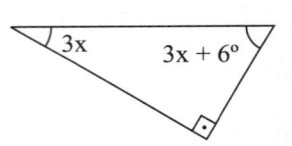

n. [triângulo com ângulos 6x − 10°, 3x − 5° e 4x]

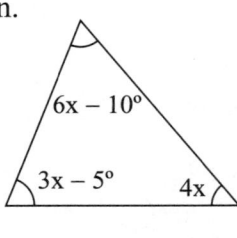

o. [triângulo com ângulos x + 2°, x + 1° e x]

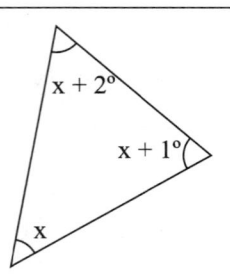

p. [triângulo com ângulos 5x − 5°, 4x − 4° e 3x − 3°]

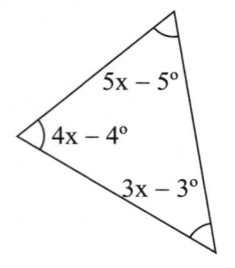

q. [triângulo com ângulos 5x + 5°, 3x + 3° e 4x + 4°]

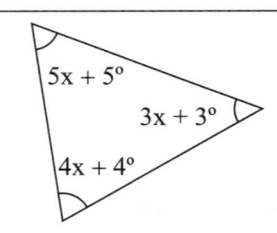

41 Nas figuras abaixo, segmentos com marcas iguais têm medidas iguais. Determine x em cada caso:

a.

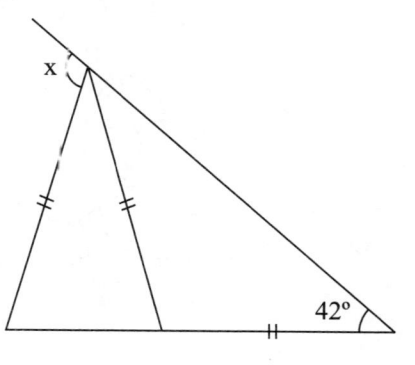

b.

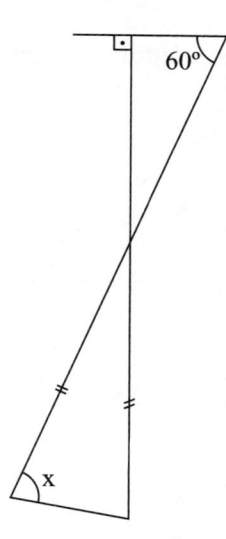

c.

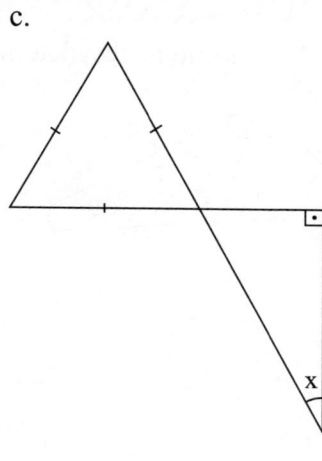

d.

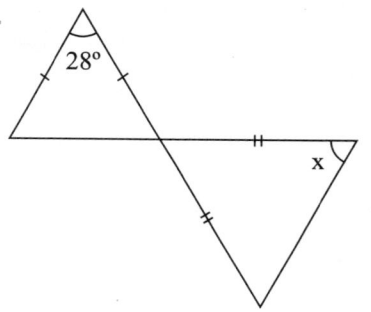

e.

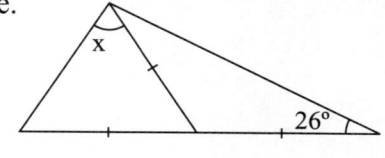

f.

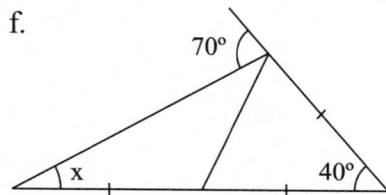

g.

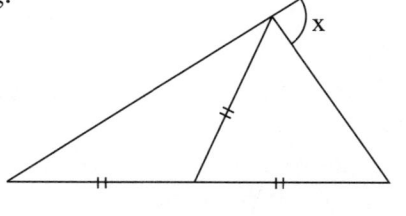

h.

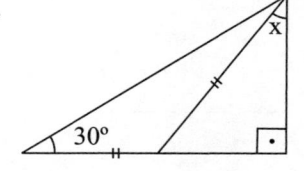

i.

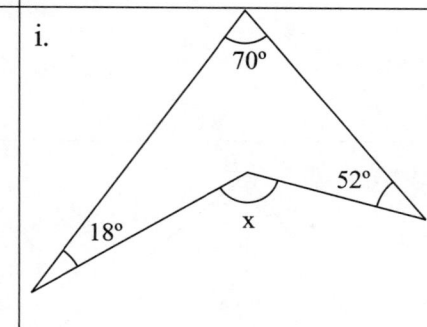

42 Os segmentos AI, BI e CI, se estiverem desenhados nas figuras abaixo, indicam bissetrizes dos ângulos internos do △ABC.

Nestas condições, determine o valor das incógnitas em cada caso:

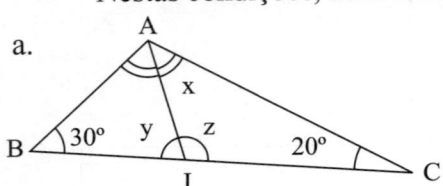

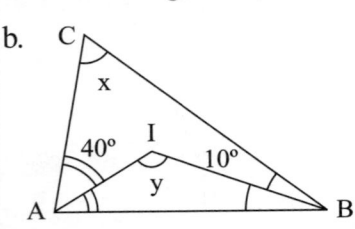

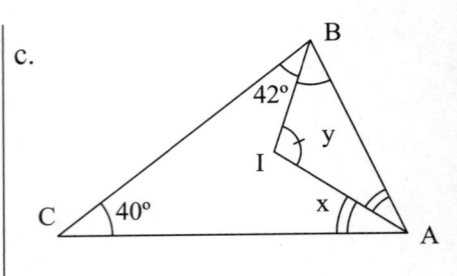

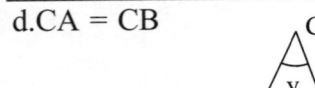

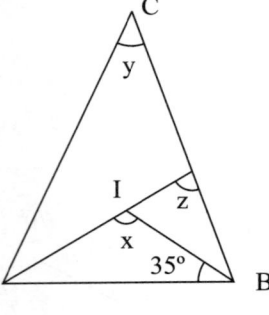

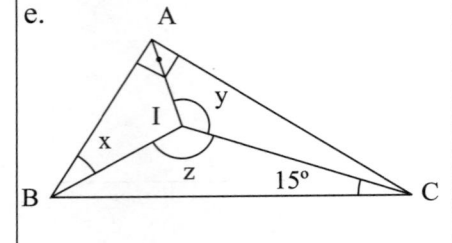

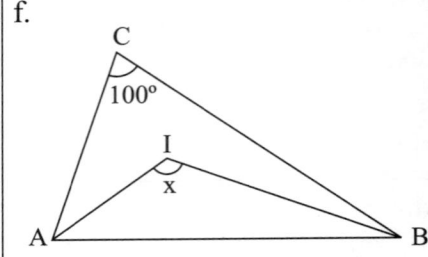

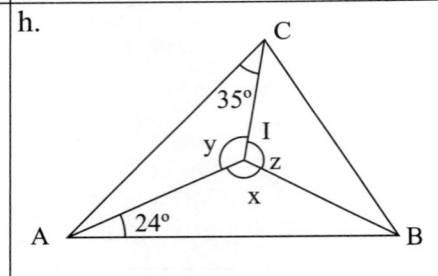

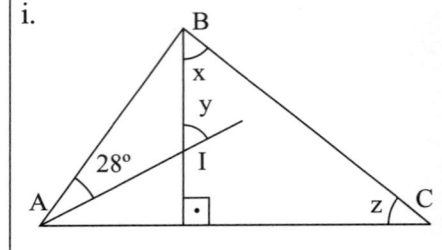

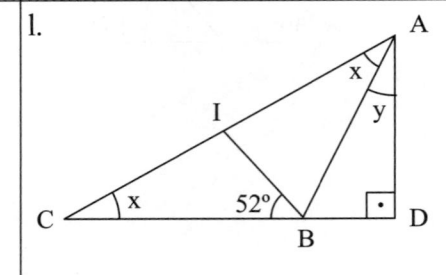

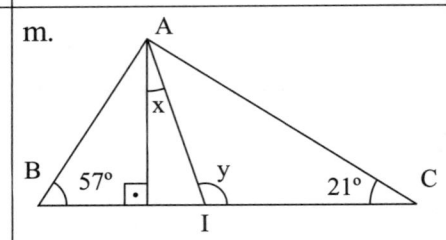

Geometria Plana - 8º ano — Triângulos

43 Determine o valor das incógnitas nos casos abaixo:

a. Triângulo com ângulos internos $4x + 10°$, $3x + 5°$ e ângulo externo $10x - 30°$.

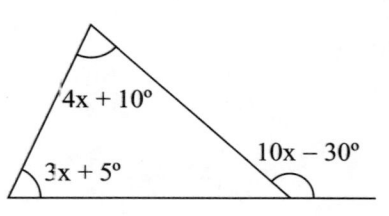

b. Triângulo com ângulos internos $3x + 40°$, $4x - 15°$ e ângulo externo $2x - 5°$.

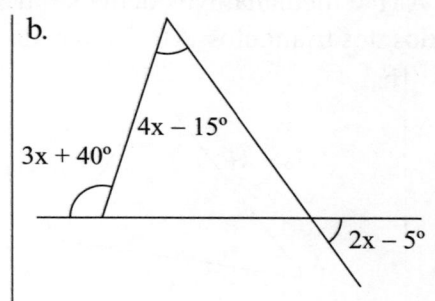

c. Triângulo com ângulos internos $2x + 24°$, $4x - 2°$ e ângulo externo $6x - 50°$.

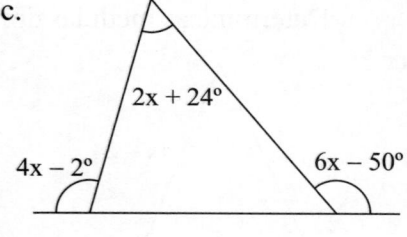

d. $AB = AC$. Triângulo com ângulo $A = y$, ângulo $B = 10x - 20°$ e ângulo externo em C igual a $4x + 34°$.

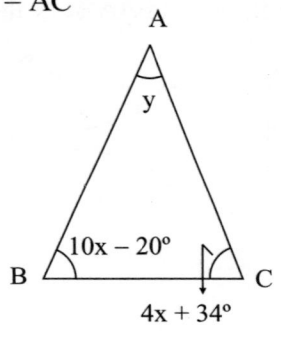

e. $AB = AC$. Triângulo com ângulo $B = x + 21°$, ângulo $A = y$ e ângulo externo em C igual a $2x - 3°$.

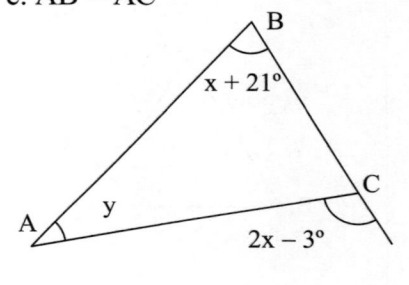

f. $AB = AC$. Triângulo com ângulo $B = 3x + 24°$, ângulo $C = y$ e ângulo externo em A igual a $10x + 8°$.

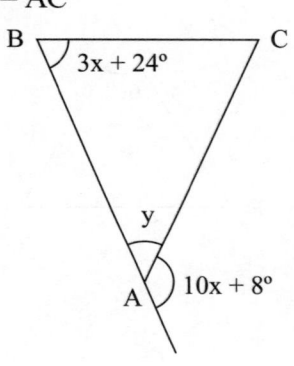

g. $AB = AC$. Triângulo retângulo em A, com ângulo $B = 4x - 15°$ e ângulo $C = 120° - 3y$.

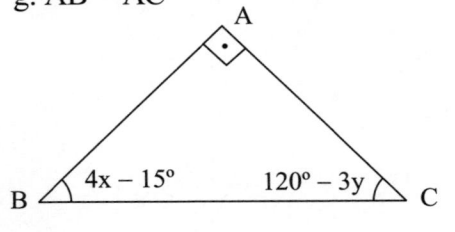

h. Triângulo com ângulo superior y, ângulo reto, ângulo $3x - 8°$, ângulo $4x + 8°$ e ângulo externo $x + 2°$.

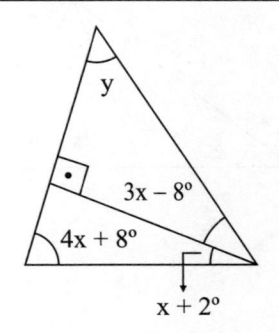

i. Triângulo retângulo com altura, ângulos y, z, $x + 12°$ e $2x$.

35

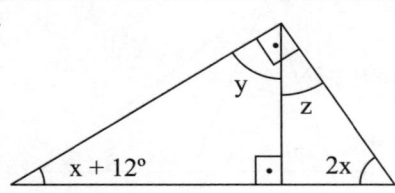

Geometria Plana - 8º ano — Triângulos

44 Dados: nos itens g, h e i $\overline{AM}$ é mediana. Nos demais o triângulo ABC é isósceles de base $\overline{BC}$. Determine as medidas dos lados dos triângulos ABC em cada caso:

a. Triângulo ABC com lados: $x+3$ (AB), $4x-24$ (AC), $\dfrac{x}{3}$ (BC).

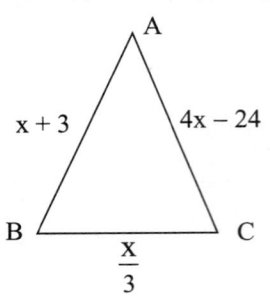

b. Triângulo ABC com lados: $3x-24$ (AB), $x-7$ (BC), $x+2$ (AC).

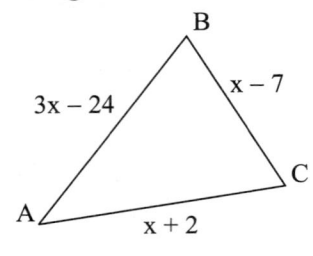

c. Triângulo ABC com lados: $3x-50$ (AB), $x-2$ (BC), $x-10$ (AC).

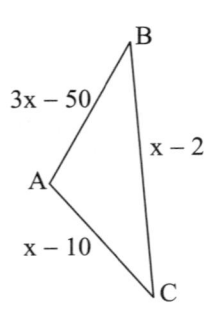

d. Triângulo ABC com $2x-8$ (AB), $5x-80$ (BC), ângulo em A = $60°$.

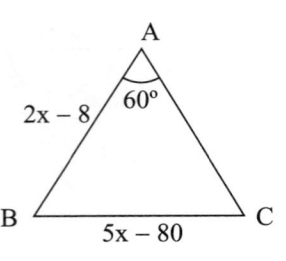

e. Triângulo ABC com $9x-9y$ (AB), $3y-18$ (AC), $2x-2$ (BC), ângulo em C = $60°$.

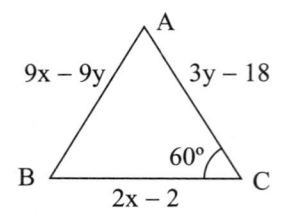

f. Perímetro do △ABC vale 16 m. Lados: $4x+y$ (BA), $2y$ (BC), $2x+2y$ (CA).

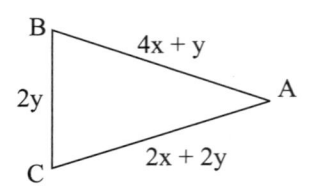

g. Triângulo ABC com $\overline{AM}$ mediana: $36-5x$ (AB), $x+1$ (AC), $28-4x$ (BM), $2x-8$ (MC).

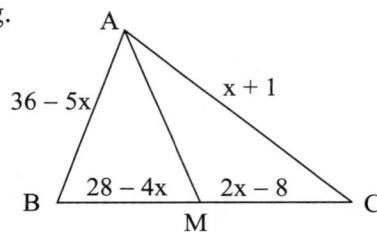

h. Triângulo ABC com $\overline{AM}$ mediana: $2x$ (AB), $x-2$ (AC), $x+2$ (BM), $2x-6$ (MC).

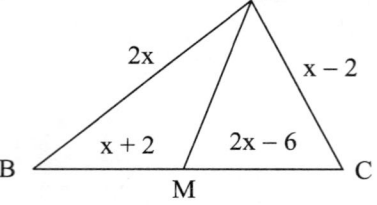

i. Triângulo ABC com $\overline{AM}$ mediana (e altura, ângulo reto em M): $22-5x$ (CM), $2x+1$ (MB), $x+3$ (AB).

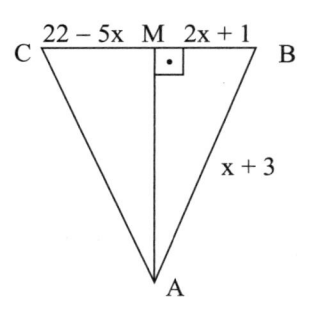

Geometria Plana - 8º ano   Triângulos

45 Quanto mede cada lado de um triângulo equilátero que tem 138 m de perímetro?

46 O perímetro de um triângulo isósceles é de 126 m e sua base mede 52 m. Quanto medem os outros lados?

47 Cada um dos lados congruentes de um triângulo isósceles excede a base em 33 cm. Se o perímetro desse triângulo é de 192 cm, quanto mede cada lado?

48 A diferença entre a base e um dos lados congruentes de um triângulo isósceles é igual a 12 m. Se o perímetro desse triângulo é de 60 m, quanto mede cada lado?

49 A soma da base com um dos lados congruentes de um triângulo isósceles, excede o dobro do lado congruente em 10 m. Se o perímetro desse triângulo mede 70 m, quanto mede cada lado?

50 As medidas dos lados de um triângulo equilátero ABC são expressas por:
$$AB = 2x - y, \quad AC = 2y - 12 \quad e \quad BC = 17 - x$$
Determine o perímetro desse triângulo.

51 Determine os ângulos internos de um triângulo sabendo que são proporcionais a 3, 4 e 5.

52 A altura relativa à base e a altura relativa a um dos lados congruentes de um triângulo isósceles formam um ângulo de 70º. Determine os ângulos desse triângulo.

53 Seja ABC um triângulo isósceles de base BC. Sejam ainda $\overline{BS}$ e $\overline{CH}$ respectivamente, bissetriz e altura relativas aos vértices B e C. Determine os ângulos internos do $\triangle ABC$, sabendo que o ângulo entre BS e CH é igual a 55º.

54 As bissetrizes relativas aos vértices da base de um triângulo isósceles formam 118º. Determine os ângulos desse triângulo.

55 As alturas relativas aos vértices da base de um triângulo isósceles formam 110º. Determine os ângulos desse triângulo.

56 A mediana relativa à base $\overline{BC}$ de um triângulo isósceles ABC forma 70º com a bissetriz $\overline{BS}$ do ângulo interno do vértice B. Determine o ângulo agudo entre $\overline{BS}$ e o lado $\overline{AC}$.

57 Determine os ângulos de um triângulo isósceles no caso em que:
a. O ângulo do vértice é igual a soma dos ângulos da base.
b. Cada ângulo da base é o quádruplo do ângulo do vértice.
c. A diferença entre um ângulo da base e o ângulo do vértice é igual a 30º.
d. O ângulo do vértice excede um dos ângulos da base em 30º.
e. Um ângulo externo da base é o triplo do ângulo do vértice.
f. As bissetrizes dos ângulos internos da base formam um ângulo de 100º.
g. A bissetriz do ângulo do vértice e a bissetriz do ângulo interno da base formam um ângulo de 100º.
h. As bissetrizes dos ângulos externos da base formam um ângulo de 70º.
i. A bissetriz do ângulo do vértice e a bissetriz de um ângulo externo da base formam um ângulo de 42º.

VI QUADRILÁTEROS

A) DEFINIÇÃO:

Dados quatro pontos A, B, C e D de um mesmo plano, sendo três deles não colineares, chama-se **quadrilátero ABCD** a reunião dos segmentos $\overline{AB}$, $\overline{BC}$, $\overline{CD}$ e $\overline{DA}$, desde que estes segmentos interceptem-se apenas nas extremidades.

B) ELEMENTOS

A, B, C e D: vértices.

$\overline{AB}$, $\overline{BC}$, $\overline{CD}$ e $\overline{DA}$: lados.

$\hat{A}$, $\hat{B}$, $\hat{C}$, $\hat{D}$: ângulos internos.

$\overline{AC}$ e $\overline{BD}$: diagonais.

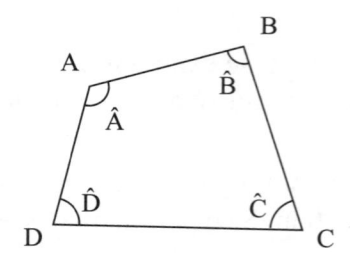

C) QUADRILÁTERO CÔNCAVO E QUADRILÁTERO CONVEXO

Um **quadrilátero** é dito **côncavo** se um de seus vértices é interno ao triângulo determinado pelos outros.

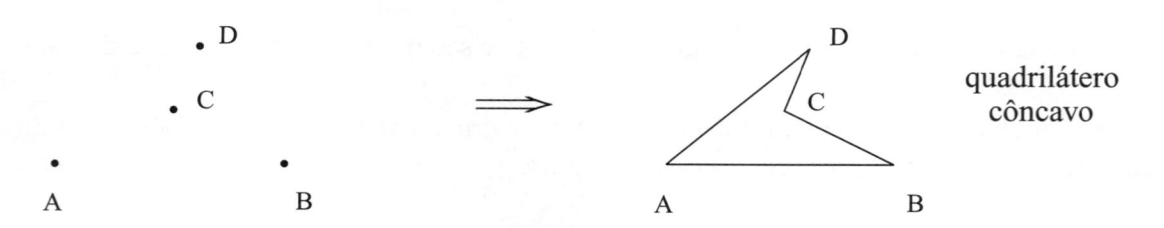

quadrilátero côncavo

Um **quadrilátero** é dito **convexo** se cada um de seus vértices é externo ao triângulo determinado pelos outros.

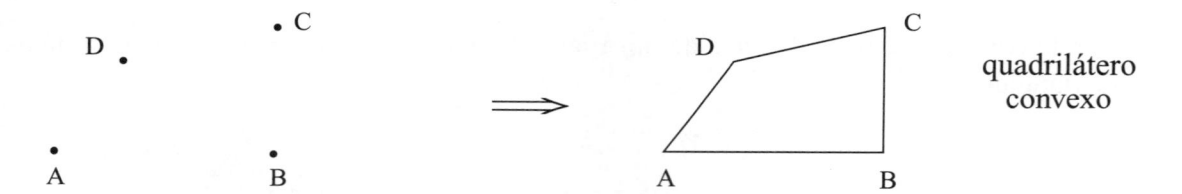

quadrilátero convexo

Observação: salvo menção em contrário, no que segue, quadrilátero será quadrilátero convexo.

D) TEOREMA:

T11 A soma dos ângulos internos de um quadrilátero (côncavo ou convexo) é igual a 360°.

Demonstração: no $\triangle ABC$: $a + b + c = 180°$

no $\triangle ACD$: $x + y + z = 180°$ $\oplus$

$(a + x) + b + (c + z) + y = 360°$

$\hat{A} + \hat{B} + \hat{C} + \hat{D} = 360°$

38

Geometria Plana - 8º ano   Quadriláteros

EXERCÍCIO RESOLVIDO

Resolvido 19 Na figura abaixo, $\overline{AI}$ e $\overline{BI}$ são bissetrizes dos ângulos $\hat{A}$ e $\hat{B}$. Determine x.

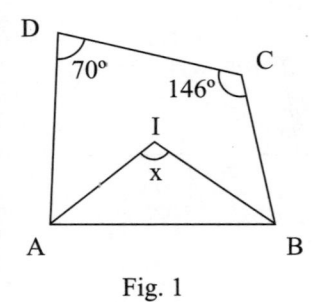

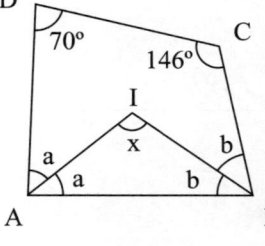

Fig. 1   Fig. 2

Solução: (veja figura 2)

No quadrilátero ABCD: $2a + 2b + 146° + 70° = 360° \Rightarrow a + b = 72°$

No triângulo ABI: $x + a + b = 180° \Rightarrow x + 72° = 180° \Rightarrow \mathbf{x = 108°}$

Resposta: 108°

39

58 Determine o valor de x nos casos abaixo:

a. 94°, 120°, 90°, x

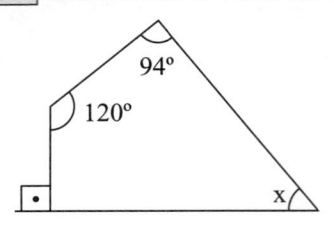

b. 40°, 110°, 60°, x

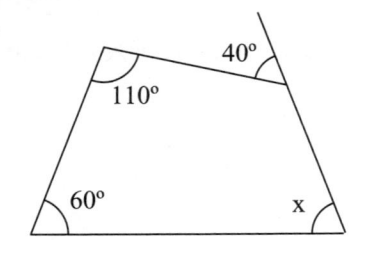

c. 102°, x, 92°, 64°

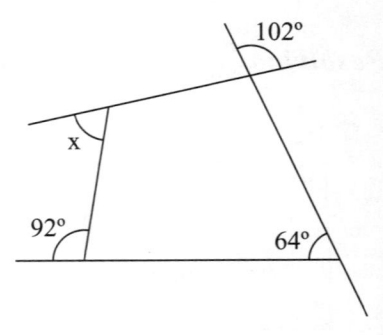

d. 81°, x, 92°, 105°

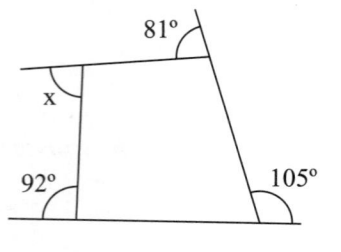

e. 90°, 74°, 132°, x

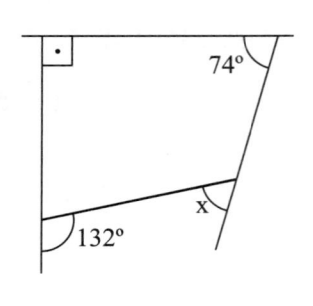

f. x, 66°, 58°, 80°

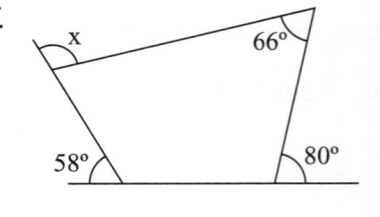

g. 10x − 30°, 138°, 4x − 12°, 96° − 2x

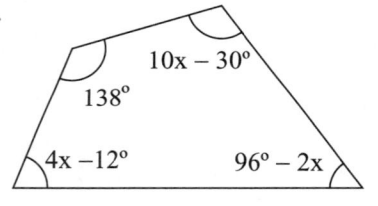

h. 2x + 20°, 10x − 80°, 22°, 6x + 20°

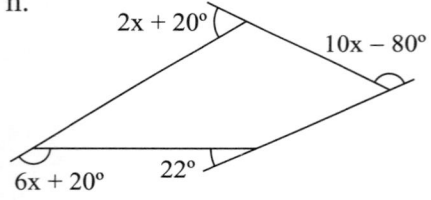

i. 4x − 18°, 3x + 8°, 140° − x, 106°

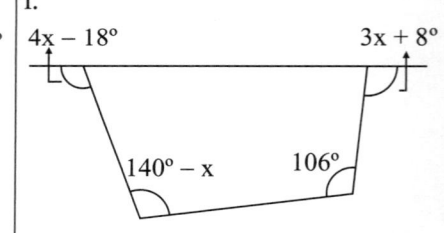

j. 2x − 2°, 72°, 2x + 2°, 3x − 8°

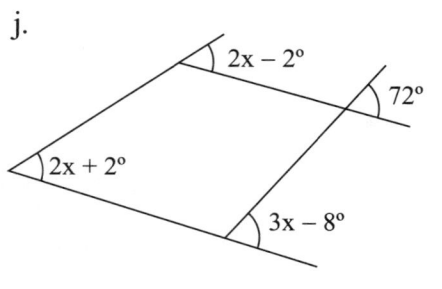

l. 106° − 4x, 9x + 34°

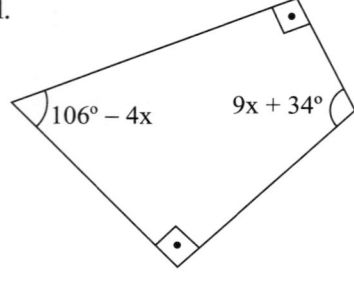

m. x + 50°, 3x − 36°, x

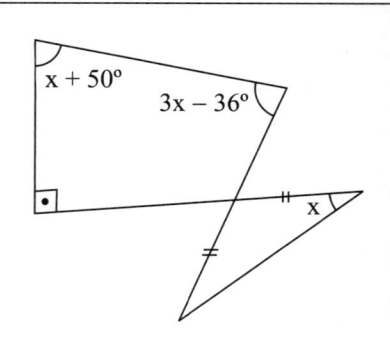

Geometria Plana - 8º ano — *Quadriláteros*

59 Nas figuras abaixo, $\overline{AI}$ e $\overline{BI}$ são bissetrizes. Determine as incógnitas.

a.

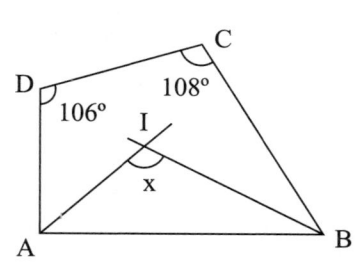

b.

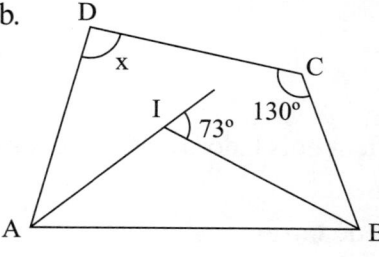

c.

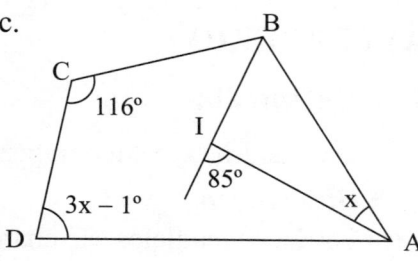

d.

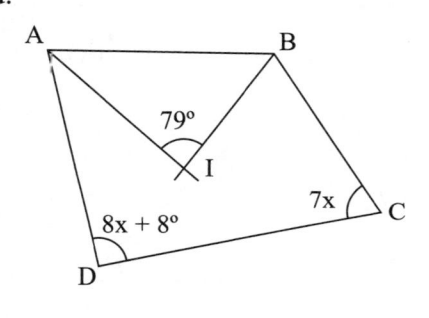

e.

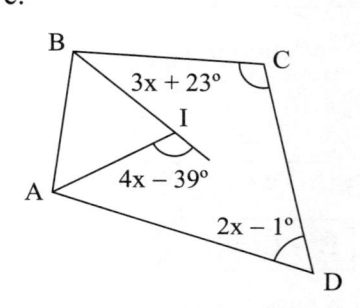

f.

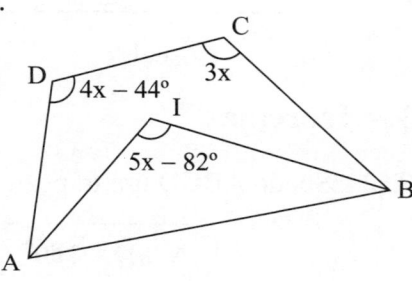

g. $\overline{AB} \parallel \overline{CD}$

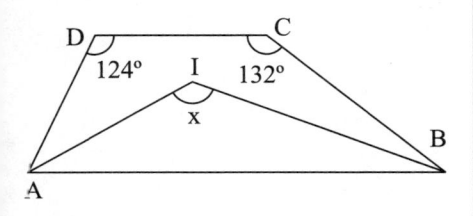

h. $\overline{AB} \parallel \overline{CD}$

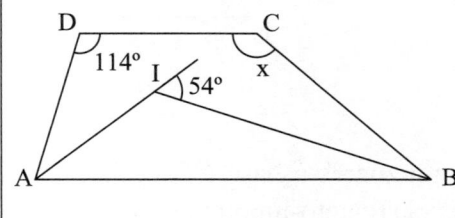

i. $\overline{AD} \parallel \overline{BC}$

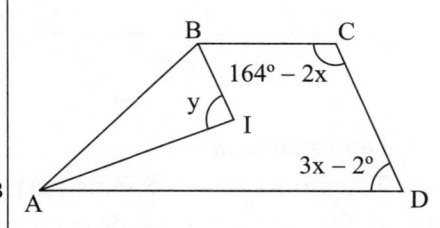

VII QUADRILÁTEROS NOTÁVEIS

A) TRAPÉZIO

1 – Definição:

Um quadrilátero é um trapézio se tem dois lados paralelos e dois não paralelos.

Observação:
- os lados paralelos são chamados de **bases**.
- os lados não paralelos são chamados de **lados oblíquos**.

2 – Classificação dos trapézios

- **isósceles**: os lados oblíquos são congruentes.
- **retângulo**: um lado oblíquo é perpendicular às bases.
- **escaleno**: os lados oblíquos não são congruentes.

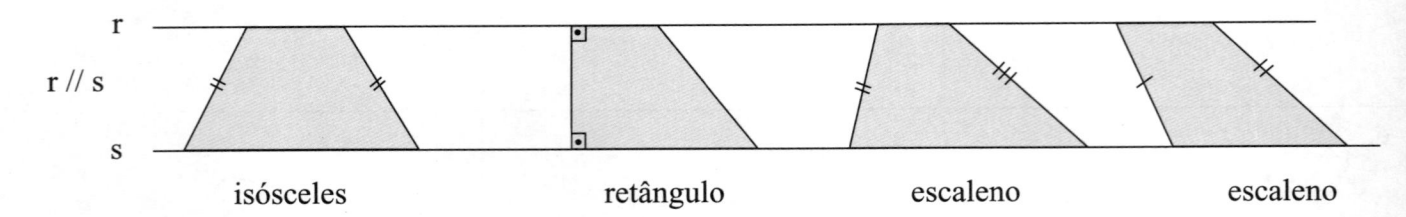

isósceles   retângulo   escaleno   escaleno

3 – Teoremas

T12 Sendo ABCD um trapézio de bases $\overline{AB}$ e $\overline{CD}$, tem-se que

$$\hat{A} + \hat{D} = 180°$$ e $$\hat{B} + \hat{C} = 180°$$

Demonstração: Imediata, basta usar o paralelismo

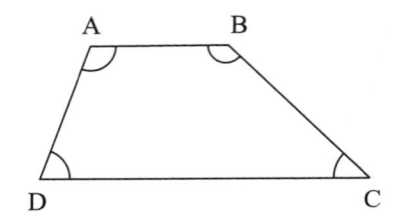

T13 Num trapézio isósceles os ângulos de cada base são congruentes.

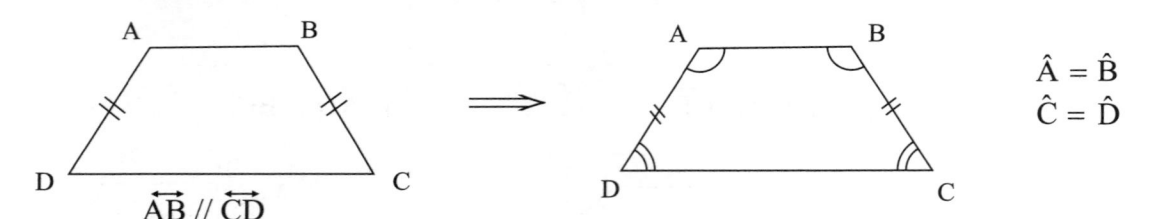

$\hat{A} = \hat{B}$
$\hat{C} = \hat{D}$

Demonstração:
Traçam-se por A e B as perpendiculares à base CD (veja figura). O resultado segue da congruência (cateto-hipotenusa) entre os triângulos ADE e BCF.

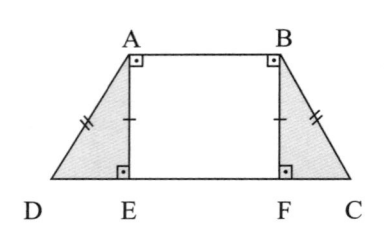

T14 As diagonais de um trapézio isósceles são congruentes.

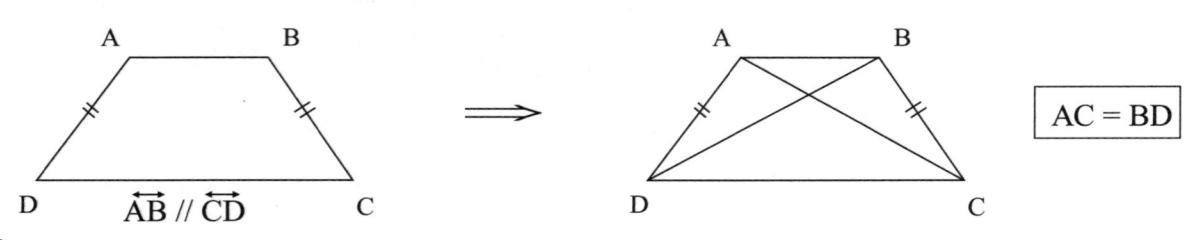

AC = BD

Demonstração:

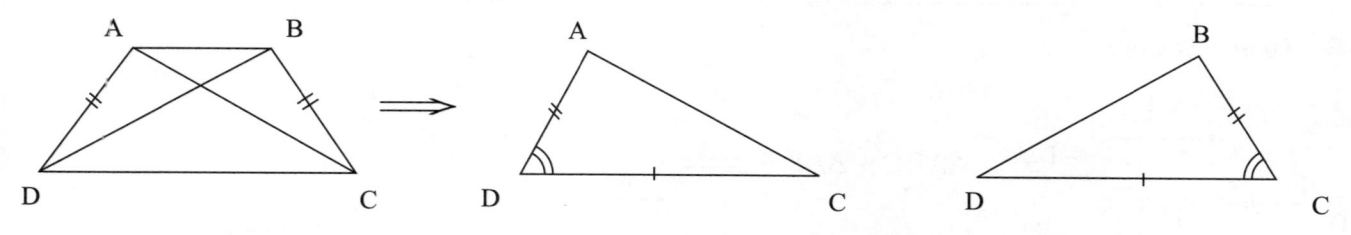

basta considerar a congruência (LAL) dos triângulos ACD e BDC.

B) PARALELOGRAMO

1 – Definição:

Um quadrilátero é um paralelogramo se seus pares de lados opostos são paralelos.

2 – Teoremas

T15 Em todo paralelogramo quaisquer dois ângulos opostos são congruentes.

Demonstração:

paralelogramo ABCD

ângulos correspondentes congruentes

alternos internos

$\hat{A} = \hat{C}$
(Analogamente, tem-se $\hat{B} = \hat{D}$)

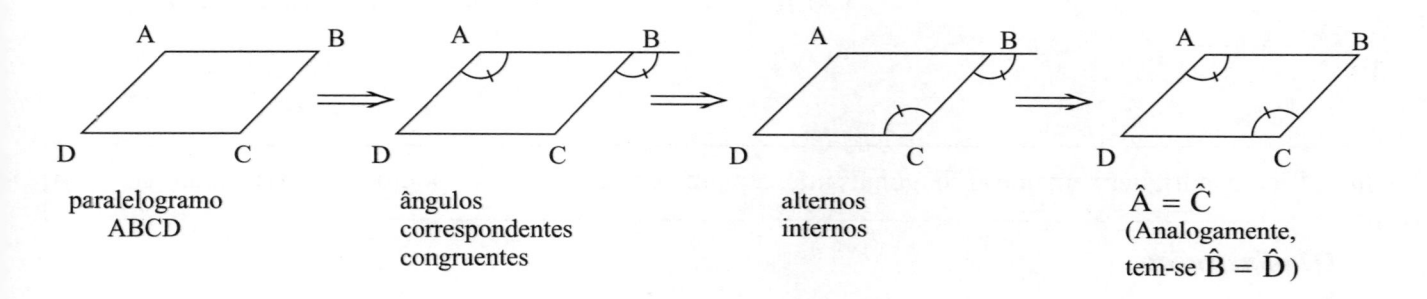

T16 Todo quadrilátero que tem ambos os pares de ângulos opostos congruentes é um paralelogramo.

Demonstração:

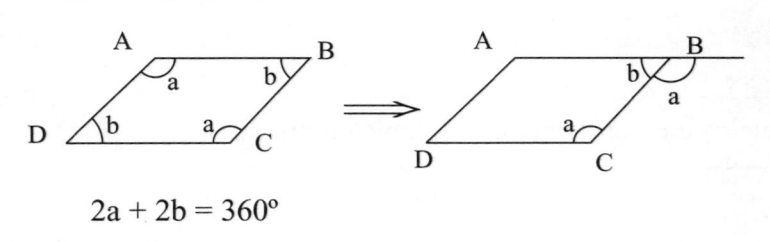

$2a + 2b = 360°$
$a + b = 180°$

ângulos alternos congruentes

$\therefore \overline{AB} // \overline{CD}$

Analogamente obtém-se $\overline{AD} // \overline{BC}$

Logo, ABCD é paralelogramo

T17 Em todo paralelogramo quaisquer dois lados opostos são congruentes.

Demonstração: seja o paralelogramo ABCD.

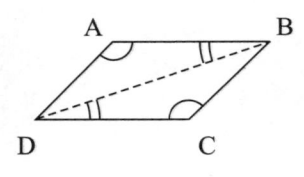

$\overline{BD}$ é comum
$A\hat{B}D = B\hat{D}C$ (alternos)
$\hat{A} = \hat{C}$ (teorema T15)
$\overset{LAA_o}{\Rightarrow} \triangle ABD \equiv CDB \Rightarrow \begin{cases} AB = CD \\ AD = BC \end{cases}$

43

T18 | Todo quadrilátero que tem ambos os pares de lados opostos congruentes é um paralelogramo.

Demonstração:

$\xrightarrow{LLL}$ $\triangle ABC \equiv \triangle ADC$ $\Rightarrow$ $\hat{B} = \hat{D}$

$\xrightarrow{LLL}$ $\triangle ABD \equiv \triangle CDB$ $\Rightarrow$ $\hat{A} = \hat{C}$

$\xRightarrow{T16}$ ABCD é paralelogramo

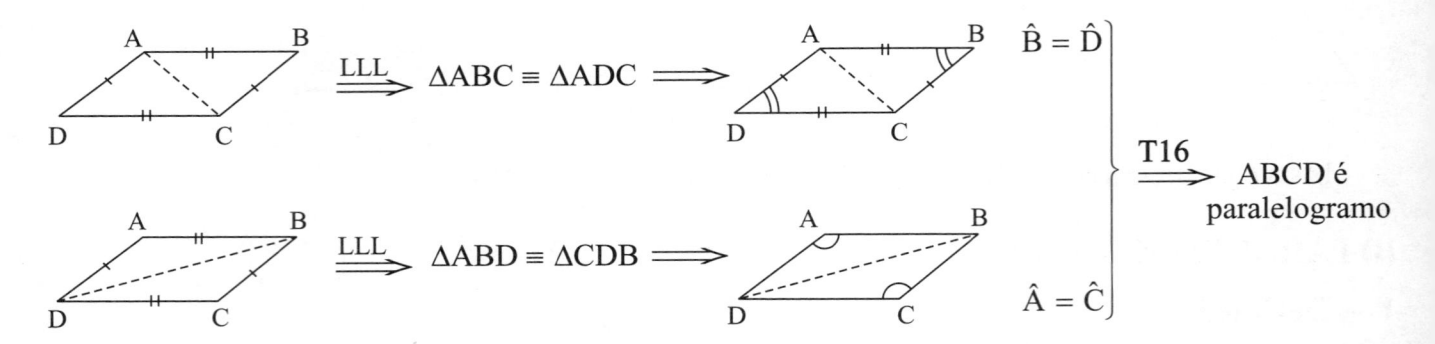

T19 | Em todo paralelogramo as diagonais interceptam-se nos respectivos pontos médios.

Demonstração:

$\triangle ABI \equiv \triangle CDI$ (ALA) $\Rightarrow$ $\begin{cases} AI = CI \\ BI = DI \end{cases}$ $\Rightarrow$ $\begin{cases} I \text{ é ponto médio} \\ \text{de } \overline{AC} \text{ e de } \overline{BD} \end{cases}$

T20 | Todo quadrilátero em que as diagonais interceptam-se nos respectivos pontos médios é paralelogramo.

Demonstração:

$\triangle ABI \equiv \triangle CDI$ $\Rightarrow$ $AB = CD$
(LAL)
$\triangle ADI \equiv \triangle CBI$ $\Rightarrow$ $AD = BC$

$\xRightarrow{T18}$ ABCD é paralelogramo

T21 | Todo quadrilátero que tem dois lados paralelos e congruentes é um paralelogramo.

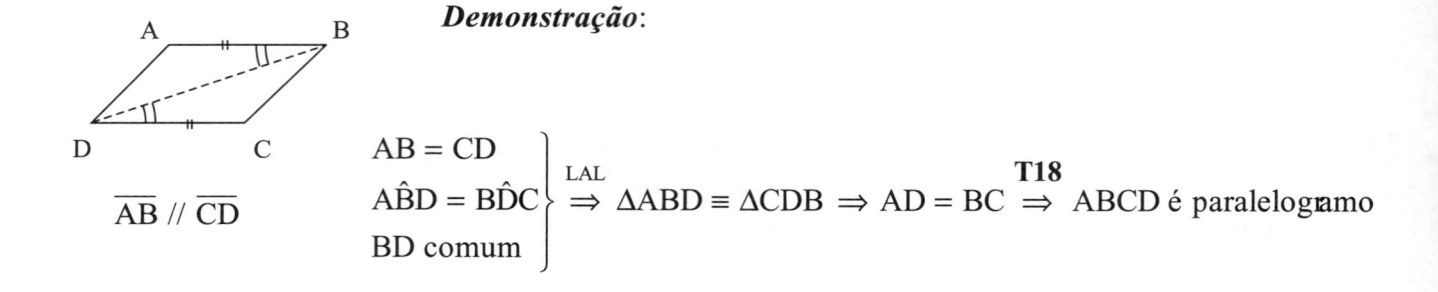

Demonstração:

$\overline{AB} // \overline{CD}$

$\begin{rcases} AB = CD \\ A\hat{B}D = B\hat{D}C \\ BD \text{ comum} \end{rcases}$ $\xRightarrow{LAL}$ $\triangle ABD \equiv \triangle CDB$ $\Rightarrow$ $AD = BC$ $\xRightarrow{T18}$ ABCD é paralelogramo

C) RETÂNGULO

1 – Definição

Um quadrilátero é um retângulo se possui os quatro ângulos congruentes.

2 – Teoremas

T22 Todo retângulo é paralelogramo.

Demonstração: basta usar o teorema **T16**

T23 Em todo retângulo as diagonais são congruentes.

Demonstração:

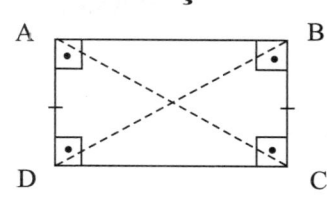

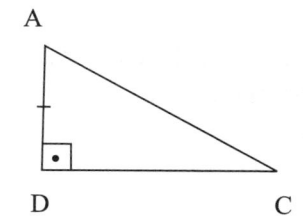

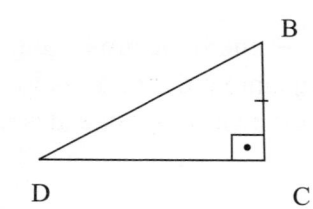

ABCD é retângulo $\stackrel{T22}{\Rightarrow}$ ABCD é paralelogramo $\Rightarrow$ AD = BC

$\left. \begin{array}{l} AD = BC \\ \hat{D} = \hat{C} \\ CD \text{ comum} \end{array} \right\} \stackrel{LAL}{\Rightarrow} \Delta ACD \equiv \Delta BDC \Rightarrow AC = BD$

D) LOSANGO

1 – Definição

Um quadrilátero é um losango se possui os quatro lados congruentes.

2 – Teoremas

T24 Todo losango é paralelogramo.

Demonstração: é conseqüência do teorema **T18**.

T25 Em todo losango as diagonais são perpendiculares.

T26 Em todo losango as diagonais são bissetrizes dos ângulos internos.

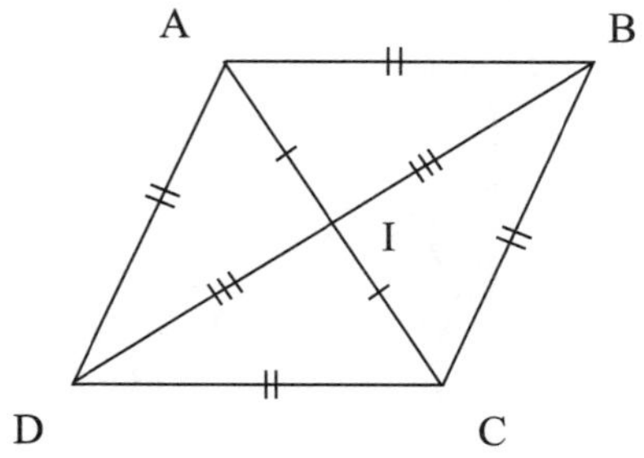

Demonstração: é conseqüência da congruência (caso LLL) entre os triângulos ABI, ADI, BCI e CDI.

E) QUADRADO

1 – Definição:

Um quadrilátero é um quadrado se tem os quatro ângulos congruentes e os quatro lados congruentes.

2 – Teorema

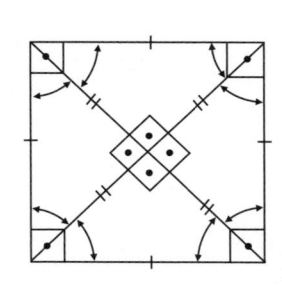

Como todo quadrado é retângulo (tem todos os ângulos congruentes) e todo quadrado é losango (tem os quatro lados congruentes) é fácil verificar que a ele podem ser aplicados todos os teoremas vistos neste capítulo.

EXERCÍCIOS RESOLVIDOS

Resolvido 20 A diagonal menor de um trapézio retângulo é bissetriz do ângulo obtuso. Se o ângulo entre essa diagonal e a base maior é 50°, calcule a medida do ângulo agudo desse trapézio.

Solução:

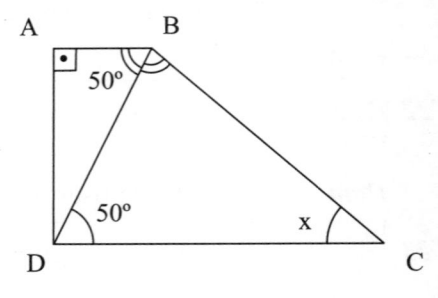

A figura ao lado ilustra o enunciado.

1) $A\hat{B}D = C\hat{D}B$ (alternos) $\Rightarrow A\hat{B}D = 50°$

2) $A\hat{B}D = C\hat{B}D \Rightarrow C\hat{B}D = 50°$

3) $\Delta\, CBD: x + \hat{B} + \hat{D} = 180° \Rightarrow x + 50° + 50° = 180°$

$$\therefore x = 80°$$

Resposta: 80°

Resolvido 21 O perímetro de um losango é 52 cm e a diagonal maior excede o dobro da menor em 4 cm, enquanto o dobro do lado excede a diagonal maior em 2 cm. Determine as medidas dos lados e das diagonais desse losango.

Solução:

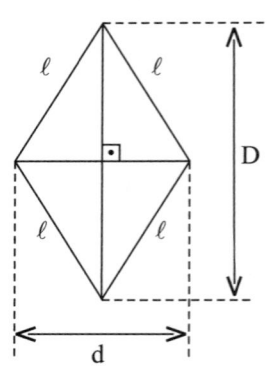

1) $4\ell = 52 \Rightarrow \ell = 13$

2) $D = 2d + 4$

3) $2\ell = D + 2 \Rightarrow 2 \cdot 13 = D + 2 \Rightarrow D = 24$

Substituindo **3** em **2**:

$24 = 2d + 4 \Rightarrow d = 10$

Resposta: diagonais de 10 cm e 24 cm, lados de 13 cm.

Resolvido 22 Nas figuras abaixo, ABCD é quadrado e PAB é triângulo equilátero. Determine x e y.

a.

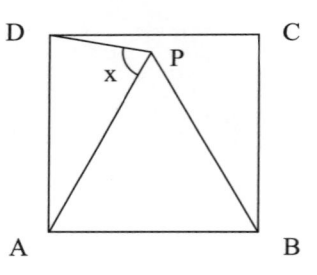

b.

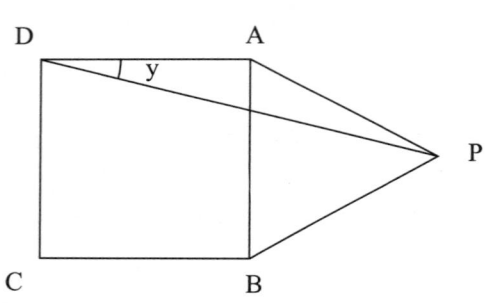

Solução:

a)

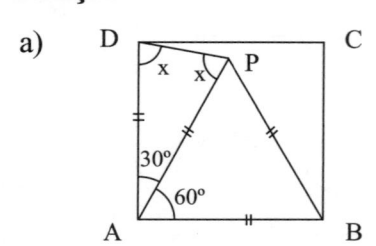

1) PAB é equilátero $\Rightarrow$ PA = AB
2) ABCD é quadrado $\Rightarrow$ AB = AD $\Rightarrow$ PA = AD

3) PA = AD $\Rightarrow \Delta$ PAD é isósceles $\Rightarrow \hat{D} = x$

4) De acordo com as medidas indicada (Δ PAD)

$$x + x + 30° = 180° \Rightarrow \mathbf{x = 75°}$$

b)

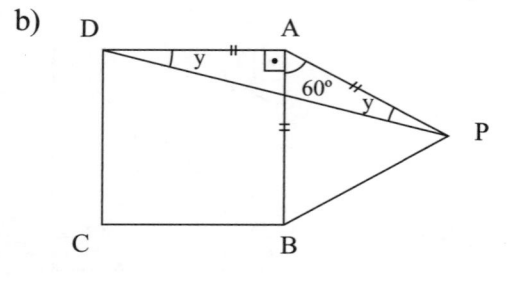

1) PAB é equilátero $\Rightarrow$ PA = AB
2) ABCD é quadrado $\Rightarrow$ AB = AD $\Rightarrow$ PA = AD

3) PA = AD $\Rightarrow \Delta$ PAD é isósceles $\Rightarrow \hat{P} = y$

4) De acordo com as medidas indicadas (Δ PAD)

$$y + y + 90° + 60° = 180° \Rightarrow \mathbf{y = 15°}$$

Resposta: a) 75° b) 15°

EXERCÍCIOS

60 Os quadriláteros abaixo são trapézios. Determine as incógnitas.

a.

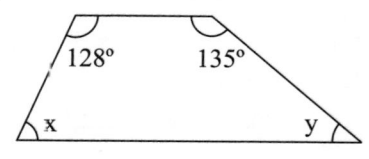

$128°$ $135°$
x y

b.

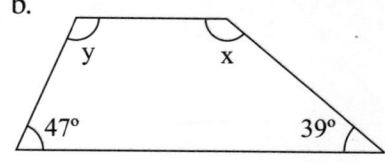

y x
$47°$ $39°$

c.

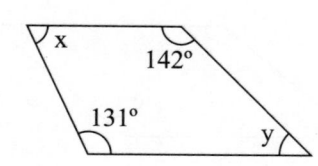

x $142°$
$131°$ y

d.

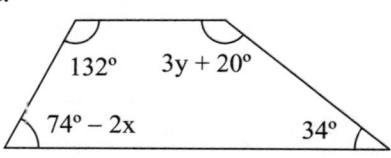

$132°$ $3y + 20°$
$74° - 2x$ $34°$

e.

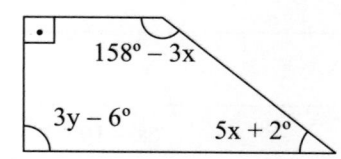

$158° - 3x$
$3y - 6°$ $5x + 2°$

f.

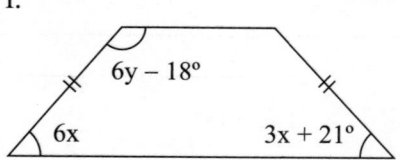

$6y - 18°$
$6x$ $3x + 21°$

g.

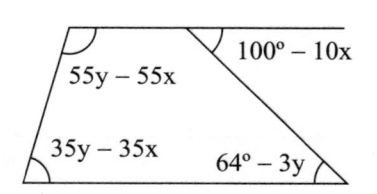

$100° - 10x$
$55y - 55x$
$35y - 35x$ $64° - 3y$

h.

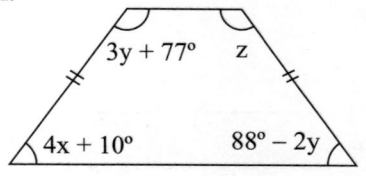

$3y + 77°$ z
$4x + 10°$ $88° - 2y$

i.

$y + x$
$y + 4x - 8°$
$2x - 4° - y$

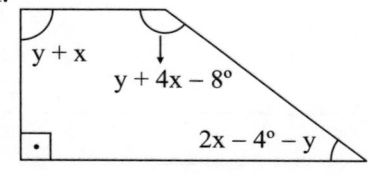

61 Os quadriláteros abaixo são paralelogramos. Determine o valor das incógnitas.

a.

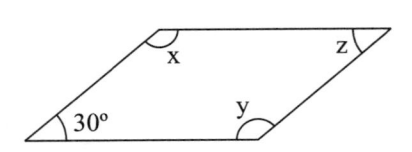

(ângulos: x, z, 30°, y)

b.

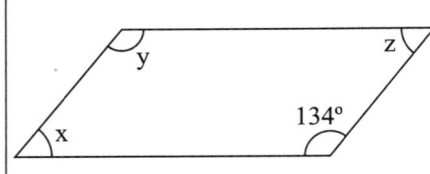

(ângulos: y, z, x, 134°)

c.

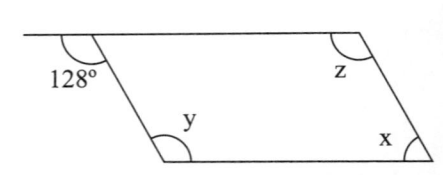

(ângulos: 128°, z, y, x)

d.

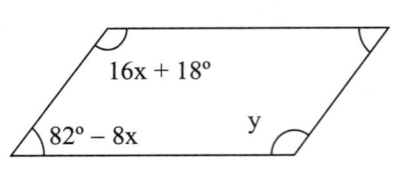

(ângulos: 16x + 18°, 82° − 8x, y)

e.

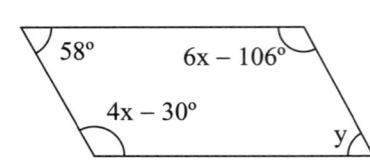

(ângulos: 58°, 6x − 106°, 4x − 30°, y)

f.

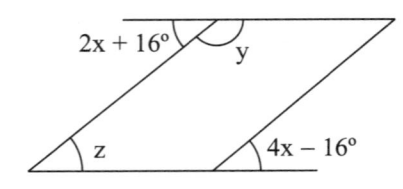

(ângulos: 2x + 16°, y, z, 4x − 16°)

g.

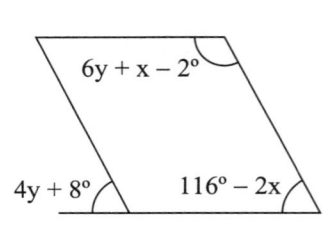

(ângulos: 6y + x − 2°, 4y + 8°, 116° − 2x)

h.

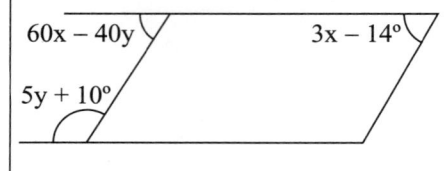

(ângulos: 60x − 40y, 3x − 14°, 5y + 10°)

i.

(ângulos: x + y, 2x + 3y, 3x + 70°)

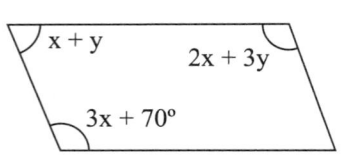

62 Os quadriláteros abaixo são retângulos. Determine as incógnitas.

a. [retângulo com diagonais: x, z, y, 24°]

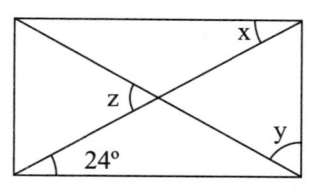

b. [retângulo com diagonais: 64°, y, x]

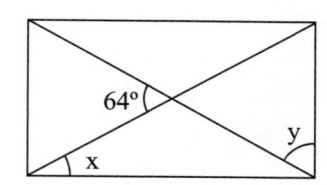

c. [retângulo com diagonais: x, y, z, 2x]

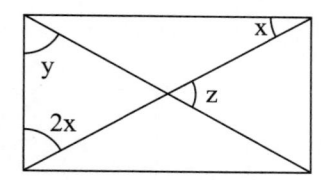

d. [retângulo com diagonais: y, 2x + 20°, 3x, z]

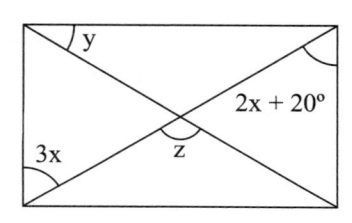

e. [retângulo com diagonais: y, 2x + 4°, z, 26°]

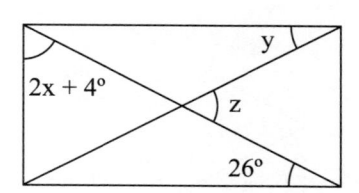

f. [retângulo com diagonais: y, z, y + 26°, x]

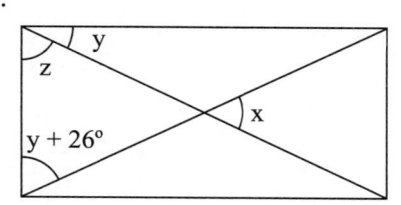

g. [retângulo com diagonais: 2y − 2°, 5x + 2°, 4x + 14°]

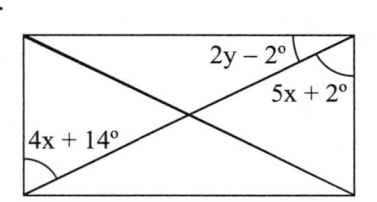

h. [retângulo com diagonais: z, 5y − 20°, 60y − 40x, x − 6°]

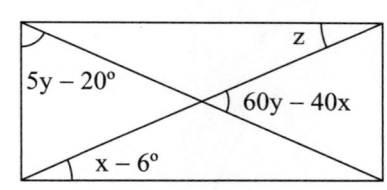

i. [retângulo com diagonais: 3y − 5x, 2y, 6x]

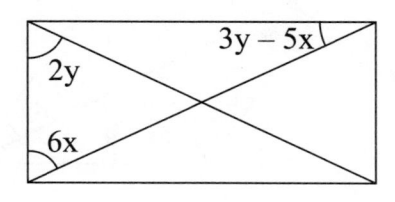

63 Os quadriláteros abaixo são losangos e seus lados tem como unidade o metro. Determine o valor das incógnitas.

a.

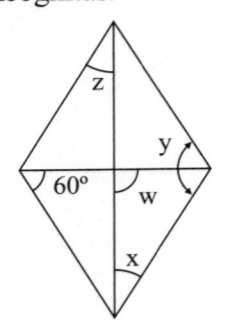

b.

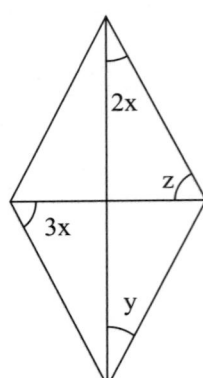

c.

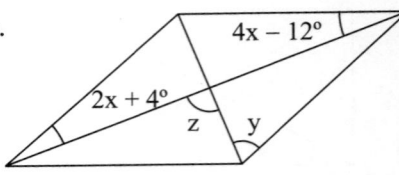

d.

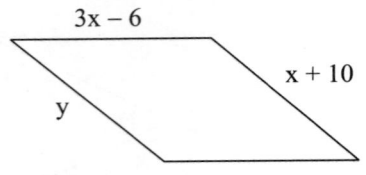

e.

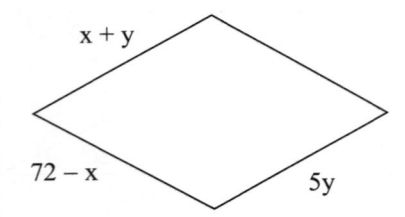

f.

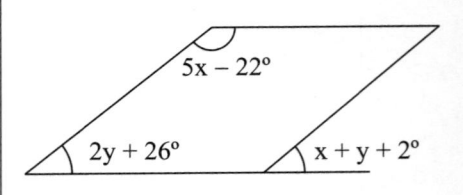

g.

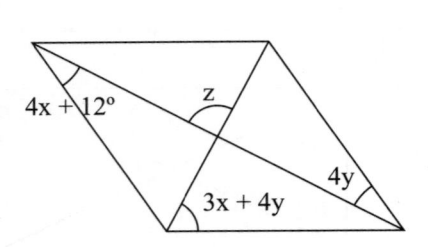

h.

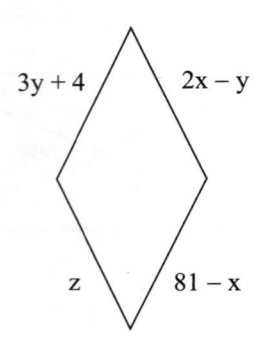

i.

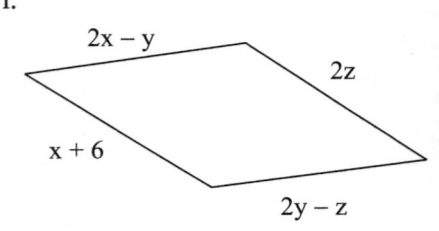

64 Dados: ABCD ; EFGH e PBEF são quadrados; PAB é triângulo equilátero. Determine o valor das incógnitas em cada caso.

a.

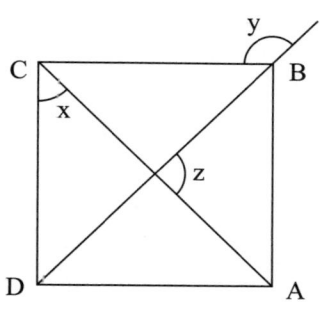

b.

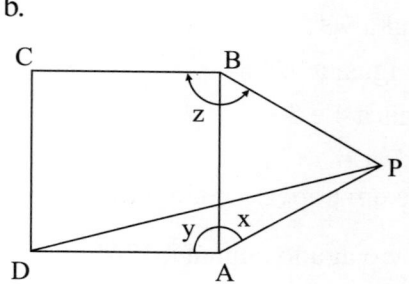

c.

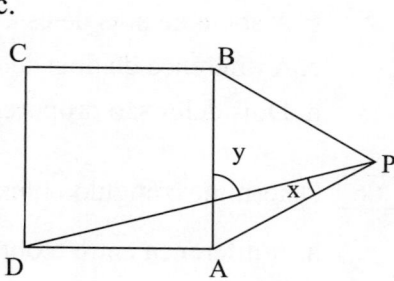

d.

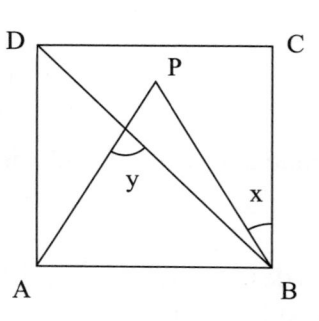

e.

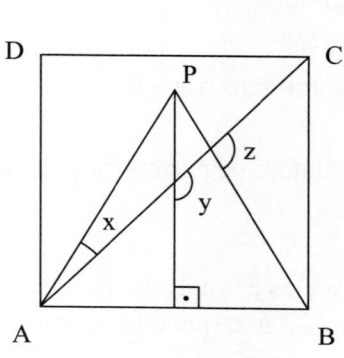

f.

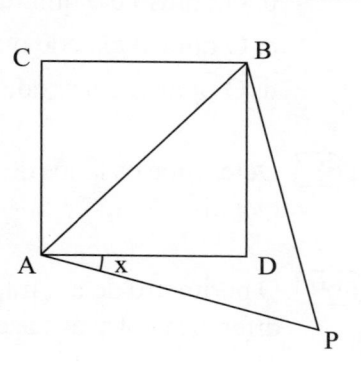

g.

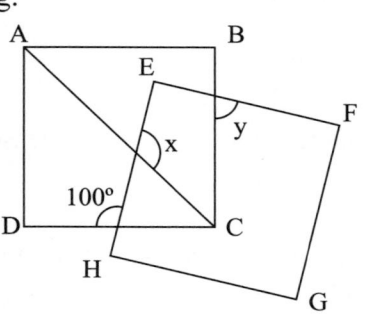

h.

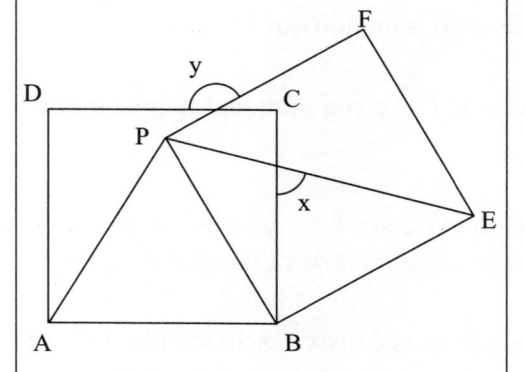

i.

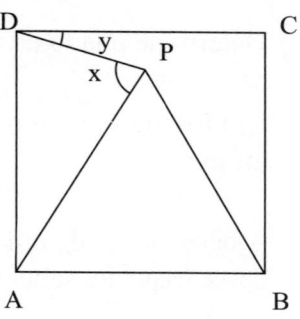

65 Determine os ângulos de um trapézio isósceles nos casos:

a. Um dos ângulos é o quádruplo do outro.

b. A soma de dois deles é igual a 96°.

c. A diferença de dois deles é igual a 92°.

d. Dois deles são proporcionais a 4 e 5.

66 Determine o ângulo obtuso de um trapézio retângulo nos casos:

a. A diferença entre o obtuso e o agudo é igual a 124°.

b. O obtuso é o triplo do agudo.

c. O obtuso excede o agudo em 66°.

d. O obtuso e o agudo são proporcionais a 9 e 3.

67 Determine os ângulos de um paralelogramo nos casos:

a. A diferença entre dois deles é 146°.

b. O obtuso é o quíntuplo do agudo.

c. O obtuso excede o agudo em 16°.

d. O obtuso e o agudo são proporcionais a 9 e 6.

68 Determine os lados de um quadrilátero de perímetro igual a 280 m, sabendo que seus lados são proporcionais a 2, 3, 4 e 5.

69 O perímetro de um trapézio isósceles é igual a 62 m. Determine os lados desse trapézio sabendo que a diferença entre as bases é igual a 22 m e que a base maior é o dobro do lado oblíquo.

70 Determine a medida dos lados de um paralelogramo de perímetro 36 m, sabendo que a diferença entre dois de seus lados é de 6 m.

71 Num retângulo, o comprimento excede a largura em 3 m. Determine os lados desse retângulo, sendo 78 m o seu perímetro.

72 Determine o lado de um losango, sabendo que seu perímetro excede o lado em 36 m.

73 Um losango tem um ângulo de 60° e sua diagonal menor mede 21 m. Determine o perímetro desse losango.

74 A base menor de um trapézio isósceles é congruente ao lado oblíquo às bases. Determine os ângulos desse trapézio, sabendo que o ângulo entre a diagonal e a base maior é 42°.

75 A diagonal de um trapézio isósceles é bissetriz do ângulo da base maior, que mede 20 cm. Determine o perímetro desse trapézio, sabendo que a base menor mede 12 cm.

76 O ângulo agudo de um trapézio retângulo mede 30°. Determine a medida do lado oblíquo às bases, sabendo que o lado perpendicular às bases mede 14 m.

77 Determine as medidas dos ângulos obtuso e agudo de um trapézio retângulo, sabendo que o ângulo entre as bissetrizes dos ângulos da base maior vale 120°.

VIII CIRCUNFERÊNCIA

A) DEFINIÇÃO:

Dados um ponto **O** e um distância **r**, chama-se **circunferência de centro O e raio r** o conjunto dos pontos do plano cuja distância até **O** é igual a **r**.

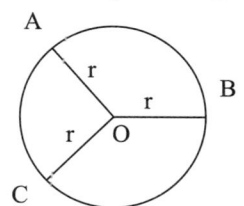

A, B e C são pontos da circunferência de centro **O** e raio **r**.

B) REGIÃO INTERNA E REGIÃO EXTERNA

Definição: dada uma circunferência de centro **O** e raio **r**, chama-se **região interna** da circunferência o conjunto dos pontos do plano cuja distância até **O** é menor do que **r**. O conjunto dos pontos cuja distância até **O** é maior que **r** é chamado de **região externa**.

Região interna

Região externa

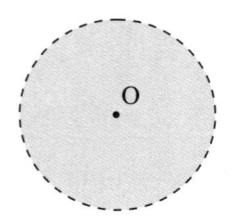

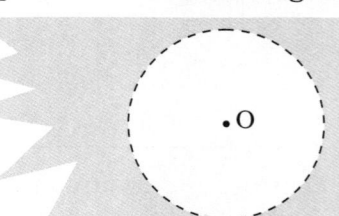

C) ELEMENTOS

Corda: segmento cujos extremos pertencem a circunferência. Ex: $\overline{AB}$

Diâmetro: uma corda que passa pelo centro. Ex: $\overline{CD}$

Tangente: uma reta que tem um único ponto em comum com a circunferência.
T é o ponto de tangência da reta tangente t com a circunferência.
Os outros pontos de **t** são externos à circunferência.

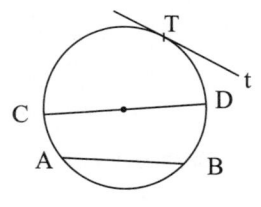

D) TEOREMAS

T27 | Toda reta tangente a uma circunferência é perpendicular ao raio no ponto de tangência.

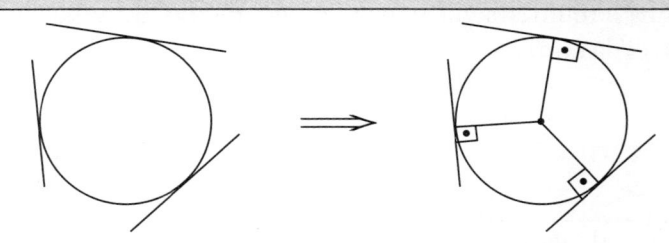

Demonstração: suponhamos, por absurdo que OT não fosse perpendicular a t. Então existe A ∈ t, tal que $\overline{OA} \perp t$.

E existe T' tal que $\overline{OA}$ é mediatriz de $\overline{TT'}$.
Logo, OT' = OT = r.
E então T' pertence a **t** e a circunferência.
Mas isto é absurdo, pois contradiz a hipótese de que **t** é tangente à circunferência. Portanto $\overline{OT} \perp t$.

53

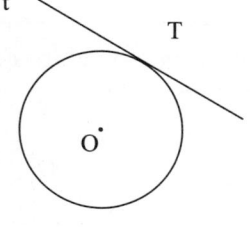

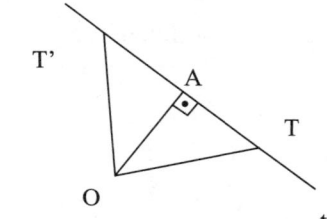

T28 | Se $\overline{PA}$ e $\overline{PB}$ são segmentos contidos em semi-retas de origem P e tangentes a uma mesma circunferência nos pontos A e B, então PA = PB.

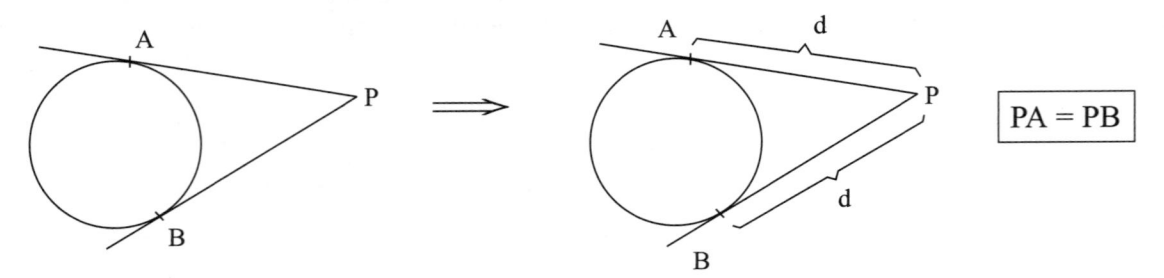

$$PA = PB$$

Demonstração: basta considerar a congruência (caso cateto-hipotenusa) entre os triângulos POA e POB.

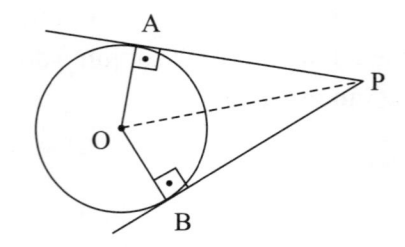

T29 | Se uma reta passa pelo centro de uma circunferência e é perpendicular a uma corda dessa circunferência, então essa reta é mediatriz da corda.

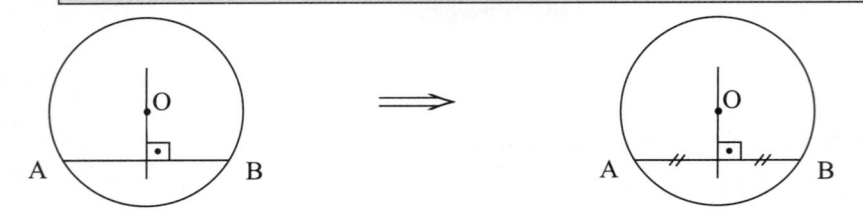

Demonstração:

$$\left.\begin{array}{l} OA = OB \text{ (raios)} \\ OM \text{ é comum} \end{array}\right\} \xrightarrow{\text{cat-hip}} \Delta OAM \equiv \Delta OBM \Rightarrow AM = MB$$

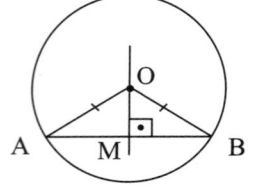

T30 | Se uma reta passa pelo centro de uma circunferência e pelo ponto médio de uma corda dessa circunferência, então essa reta é mediatriz da corda.

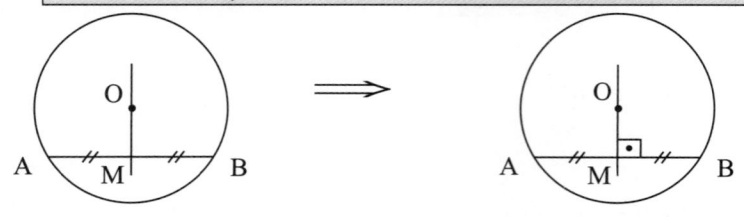

Demonstração: segue da congruência (LLL) entre os triângulos OMA e OMB.

T31 | A mediatriz de uma corda passa pelo centro da circunferência correspondente.

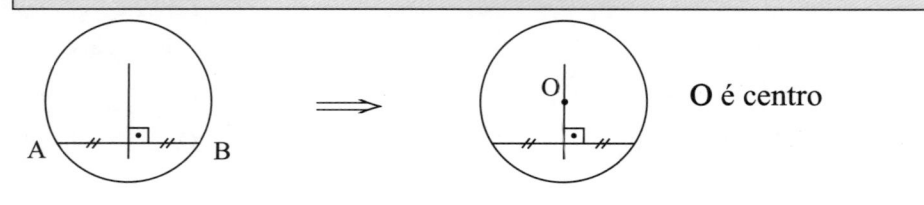

O é centro

Demonstração: seja **O** o centro da circunferência e AB uma corda dessa circunferência. Como OA = OB, **O** pertence ao lugar geométrico dos pontos que equidistam de A e B. Isto é, **O** pertence à mediatriz de $\overline{AB}$.

T32 | Se um quadrilátero convexo é circunscritível (admite uma circunferência que tangencia cada um de seus lados), então a soma de dois lados opostos é igual à soma dos outros dois.

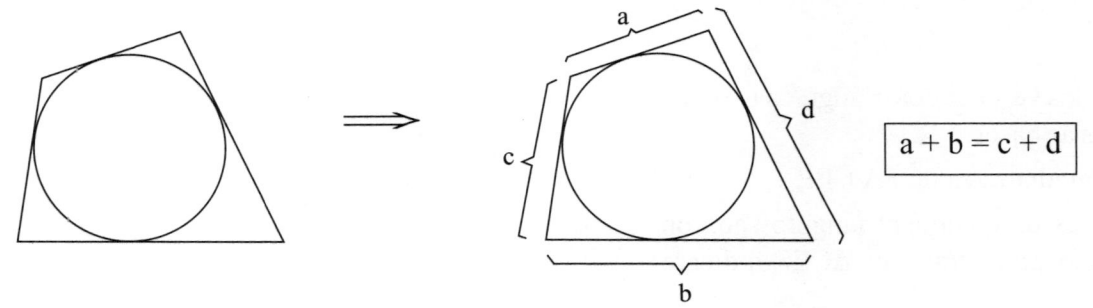

$$a + b = c + d$$

Demonstração:

De acordo com o teorema **T28** tem-se os segmentos de mesma medida traçados a partir dos vértices como indicados na figura.

Então:

a + b = x + w + y + z = (x + y) + (z + w) = c + d

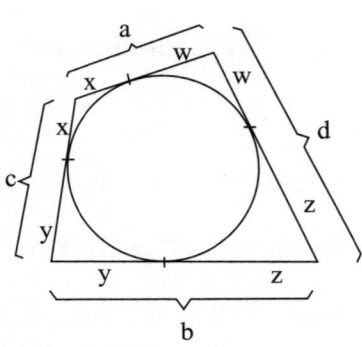

T33 | Se as somas dos lados opostos de um quadrilátero são iguais, então ele é circunscritível.

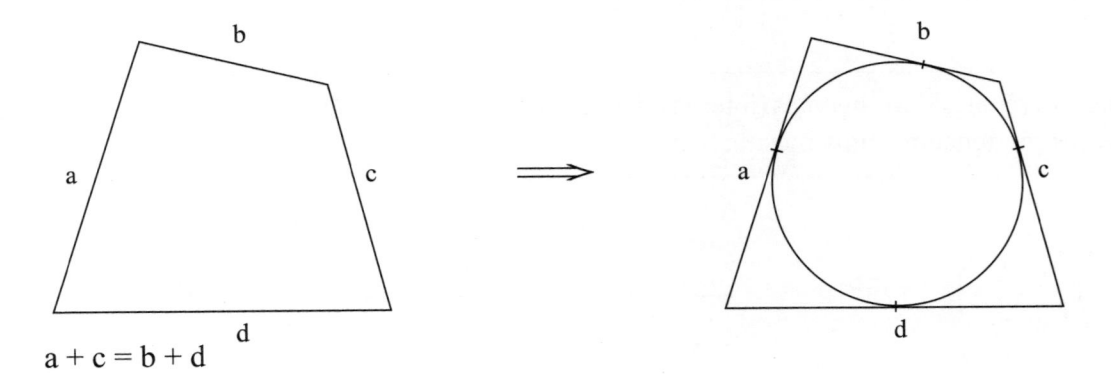

a + c = b + d

Demonstração:

Seja ABCD um quadrilátero tal que

a + c = b + d (vide figura)

Suponhamos a > b. Então, obrigatoriamente, teremos c < d.

Seja **E** em $\overline{AB}$ tal que BE = b

Seja **F** em $\overline{AD}$ tal que que FD = c

Logo, Δ BCE e ΔCDF são isósceles.

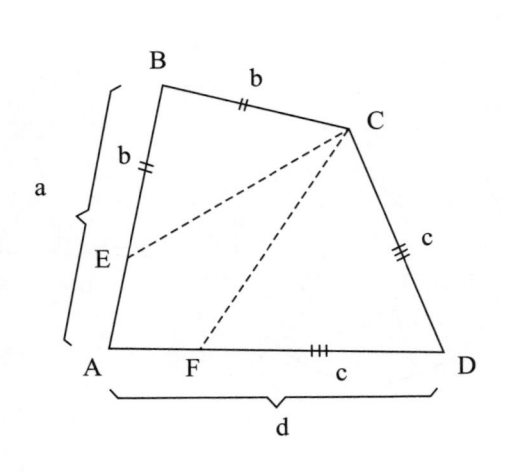

55

Se $a + c = b + d$, então
$a - b = d - c$.
Portanto, $\triangle AEF$ é isósceles.

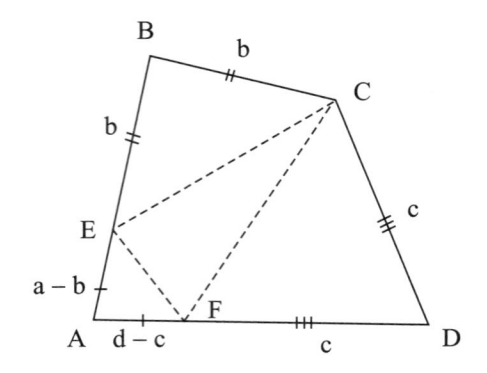

As bissetrizes dos vértices dos triângulos isósceles são perpendiculares às bases.

Portanto, são mediatrizes do $\triangle CEF$.

E as mediatrizes de qualquer triângulo são concorrentes num único ponto que, no $\triangle CEF$, indicaremos por **O**.

Seja $d(O, \overline{AB})$ a distância entre **O** e $\overline{AB}$.

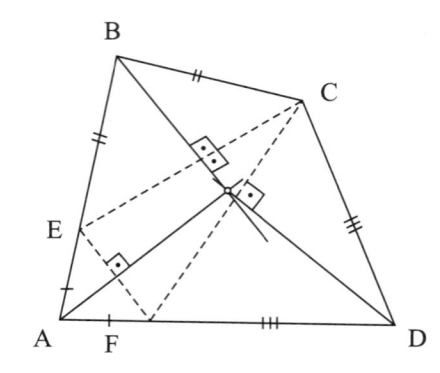

Temos:

$O \in$ bissetriz de $\hat{A} \Rightarrow d(O, \overline{AB}) = d(O, \overline{AD})$

$O \in$ bissetriz de $\hat{B} \Rightarrow d(O, \overline{AB}) = d(O, \overline{BC})$

$O \in$ bissetriz de $\hat{D} \Rightarrow d(O, \overline{AD}) = d(O, \overline{CD})$

Daí, $d(O, \overline{AB}) = d(O, \overline{BC}) = d(O, \overline{CD}) = d(O, \overline{AD})$

Portanto, **O** é centro da circunferência inscrita no quadrilátero ABCD.

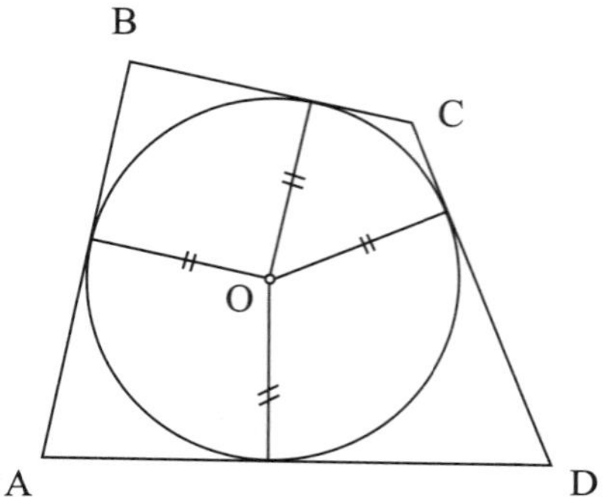

T34 — Se duas circunferências são tangentes (interna ou externamente), então os centros e o ponto de tangência são colineares (pertencem a uma mesma reta).

a.

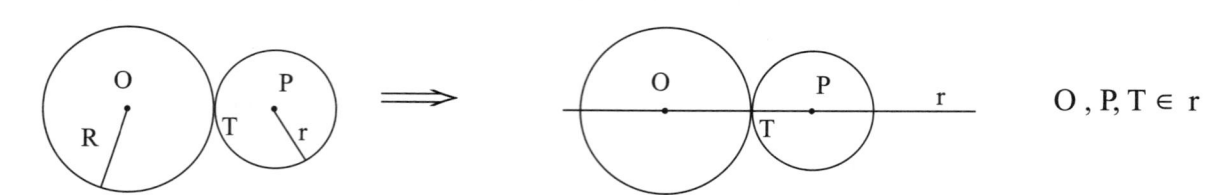

$O, P, T \in r$

b.

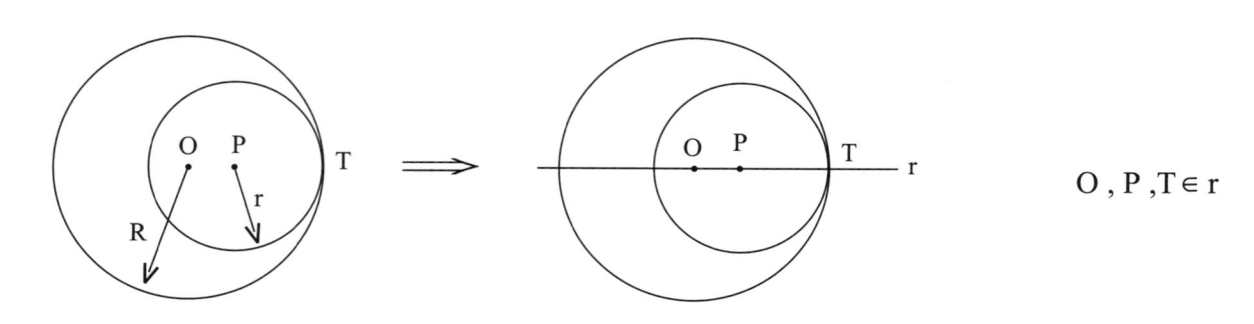

$O, P, T \in r$

Demonstração: se os pontos não fossem colineares poderíamos formar triângulos com eles e teríamos

a. 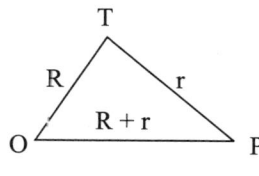 $OP < OT + TP \Rightarrow R + r < R + r \Rightarrow O < O$ (absurdo!)

ou

b. 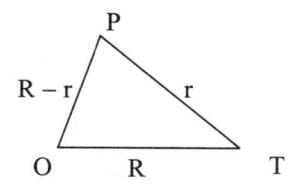 $OT < OP + PT \Rightarrow R < R - r + r \Rightarrow O < O$ (absurdo!)

Logo, os centros e o ponto de tangência devem ser colineares.

EXERCÍCIOS RESOLVIDOS

Resolvido 23 Calcule x.

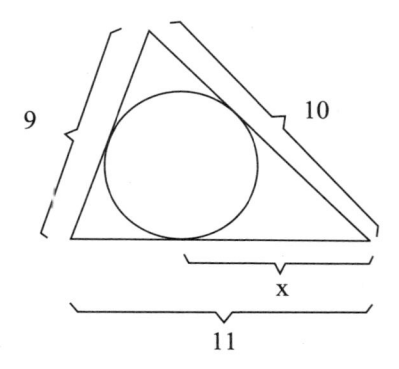

Solução:

$10 - x + 11 - x = 9$
$21 - 2x = 9$
$\boxed{x = 6}$

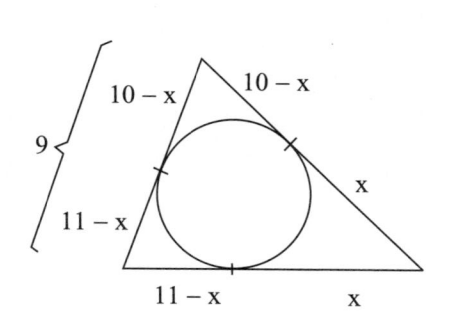

Resposta: 6

Resolvido 24 Calcule o raio da circunferência.

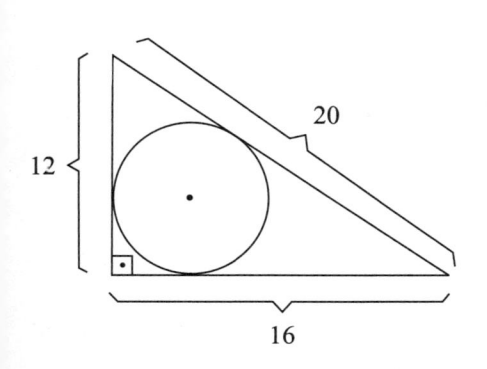

Solução:

Ligando o raio nos pontos de tangência, obtém-se o quadrado OPAQ e as medidas indicadas. Daí, na hipotenusa:

$12 - r + 16 - r = 20 \Rightarrow r = 4$

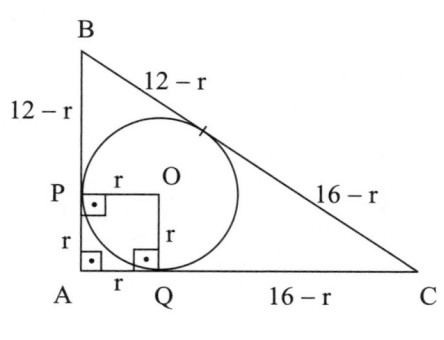

Resposta: 4

Resolvido 25 Determine x e y.

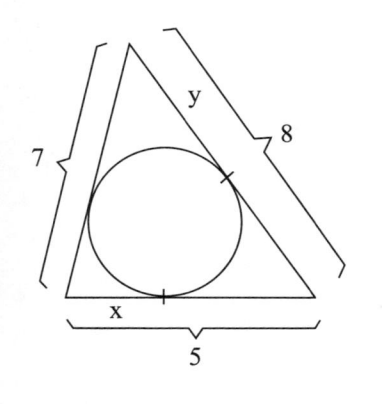

Solução:

De acordo com as medidas, tem-se:

$7 - x + 5 - x = 8 \Rightarrow x = 2$

$y = 7 - x \Rightarrow y = 7 - 2 \Rightarrow y = 5$

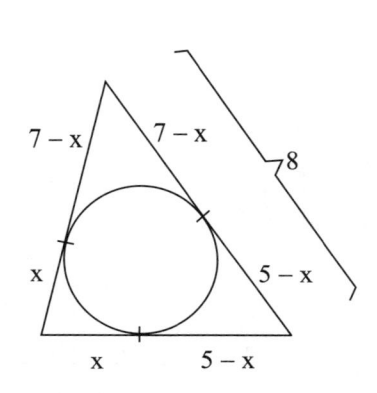

Resposta: x = 2 , y = 5

Geometria Plana - 8º ano   Circunferência

Resolvido 26 Calcule o raio da circunferência abaixo:

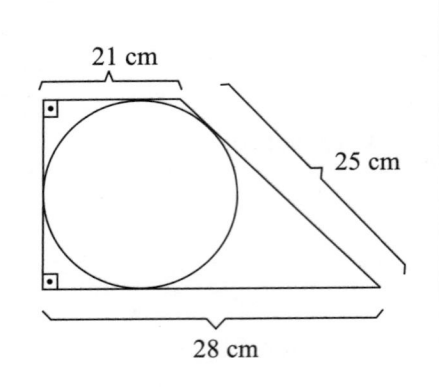

Solução:

A altura do trapézio é igual ao diâmetro.

Como o trapézio é circunscritível, tem-se

$2r + 25 = 21 + 28 \Rightarrow \boxed{r = 12 \text{ cm}}$

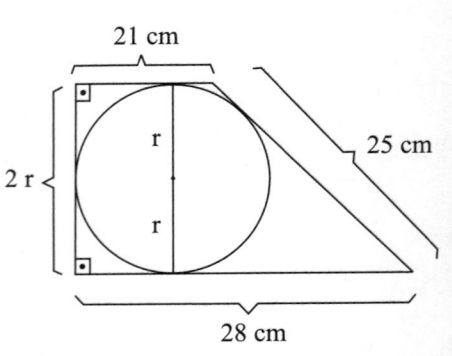

Resposta: 12 cm

Resolvido 27 O perímetro do trapézio abaixo é 54 cm e o raio da circunferência nele inscrita é 6 cm. Calcule:

a) o lado oblíquo do trapézio.

b) as bases do trapézio, sabendo que uma é o dobro da outra.

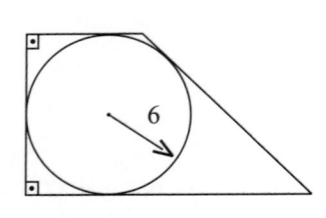

Solução:

a)
1) $AD + BC = AB + CD$
2) $(AB + CD) + (AD + BC) = 54$
   $(AD + BC) + (AD + BC) = 54$
   $AD + BC = 27$
   $12 + x = 27$
   $\boxed{x = 15 \text{ cm}}$

b) $2b + b = 27 \Rightarrow \boxed{b = 9 \text{ cm}} \Rightarrow \boxed{2b = 18 \text{ cm}}$

Resposta: a) 15 cm   b) 9 cm e 18 cm

Resolvido 28 O perímetro de um triângulo retângulo é 24 cm e o raio da circunferência nele inscrita é 2 cm. Calcule a hipotenusa.

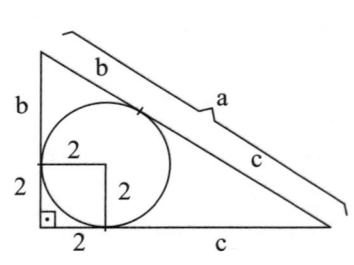

Solução:

1) Perímetro = 24 $\Rightarrow a + b + 2 + c + 2 = 24 \Rightarrow$
   $\Rightarrow a + b + c = 20$

2) Na hipotenusa: $b + c = a$

Substituindo **2** em **1**:

$a + a = 20 \Rightarrow a = 10$ cm

Resposta: 10 cm

Resolvido 29 Calcule os raios das circunferências abaixo.

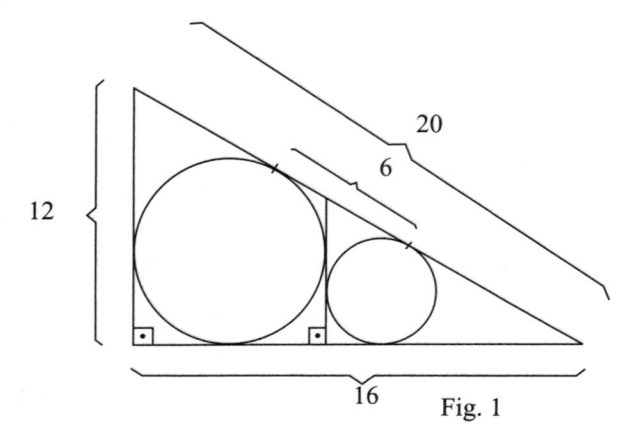

Fig. 1

58

Solução:

1) Cálculo do raio da circunferência maior (veja Fig. 2)

De acordo com as medidas indicadas, tem-se

$$12 - R + 16 - R = 20 \Rightarrow R = 4$$

Fig. 2

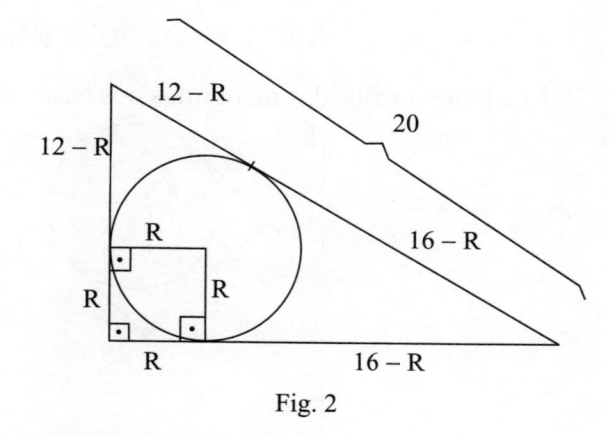

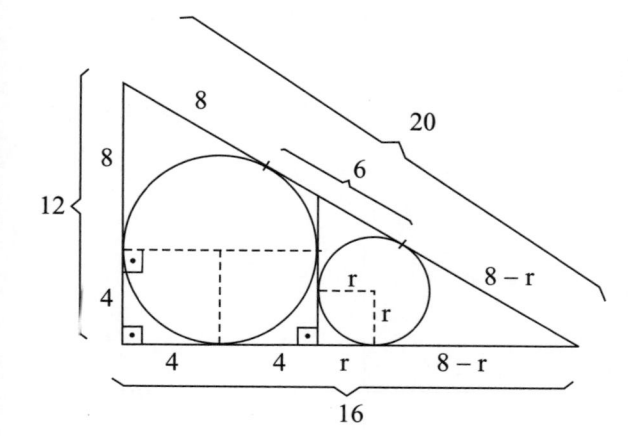

2) Cálculo do raio da circunferência menor

Na hipotenusa do triângulo maior, tem-se:

$$8 + 6 + 8 - r = 20$$
$$22 - r = 20$$
$$r = 2$$

Resposta: os raios medem 2 e 4.

EXERCÍCIOS

78 Calcule o valor das incógnitas nos casos abaixo:

a. b. 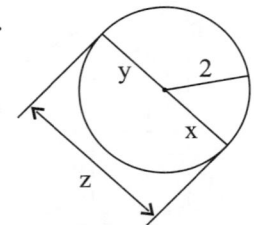 c. 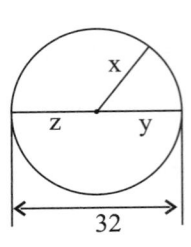 d.

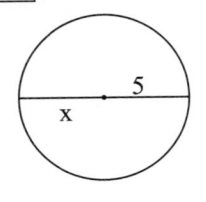

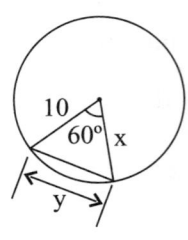

e. 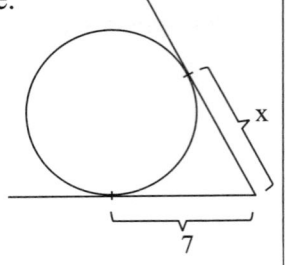 f. 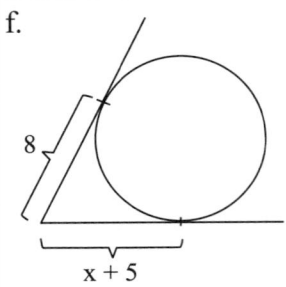 g. 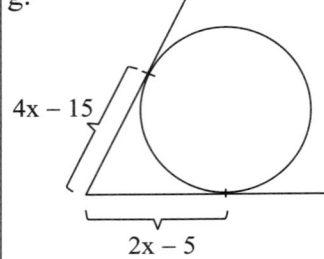 h.

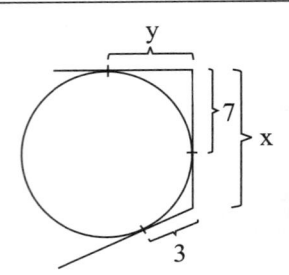

i. 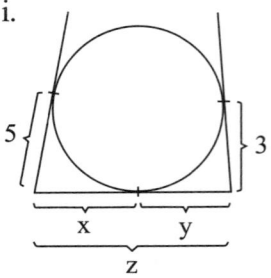 j. 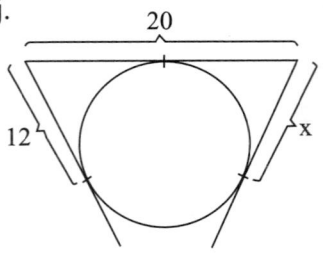 l. 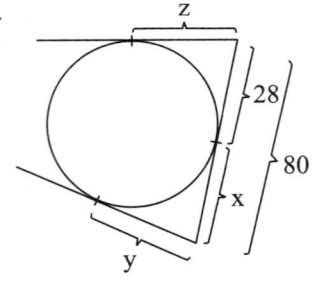 m.

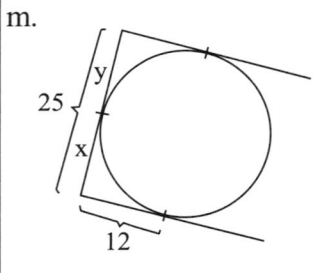

Geometria Plana - 8º ano Circunferência

79 Determine o valor das variáveis nas figuras abaixo:

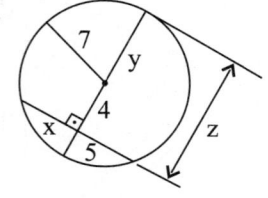

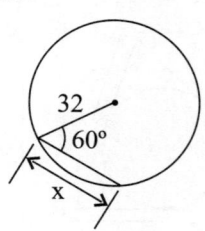

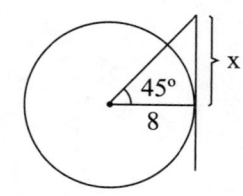

a. (círculo com 3 e x separados por ângulo reto)

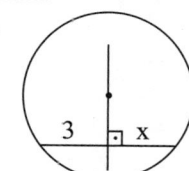

b. (círculo com 7, y, 4, x, 5, z)

c. (círculo com 32, 60°, x)

d. (círculo com 45°, 8, x)

e. (círculo inscrito: 5x − 26 e 3x)

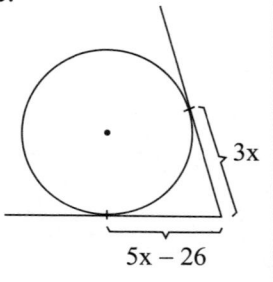

f. (círculo inscrito em triângulo: 5 − x, 12 − x, 13)

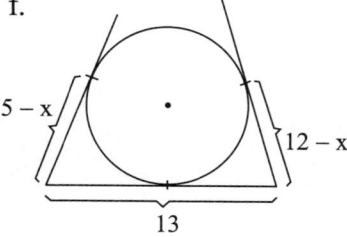

g. (círculo com x − 7, x − 5, x − 8)

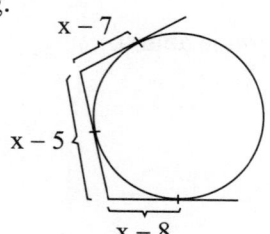

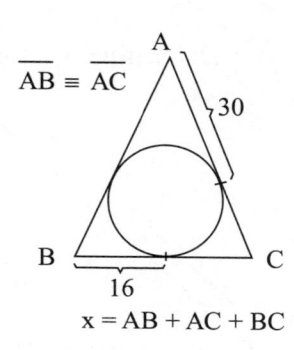

h. $\overline{AB} \equiv \overline{AC}$, AC = 30, BC = 16, x = AB + AC + BC

i. AB = AC = BC, lado 22 cm, x, y

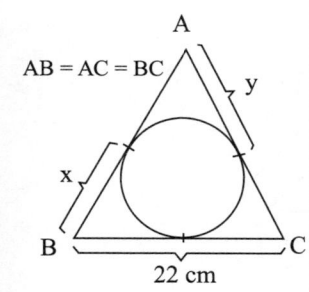

j. (duas circunferências tangentes, 3x − 7, x + 9)

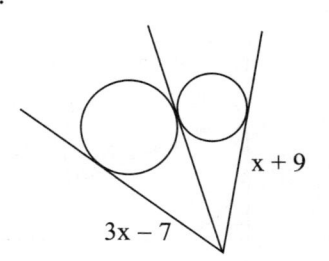

l. DC = 20, AB = 30, x = AD + BC

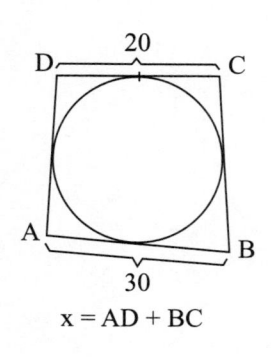

m. Trapézio isósceles, bases 10 e 18, x

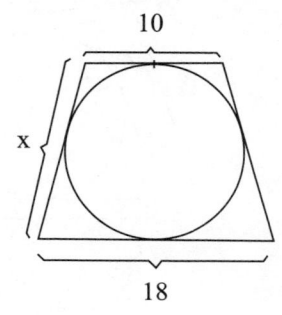

80 Determine o valor de x nas figuras abaixo:

a. 18

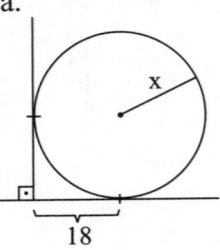

b. 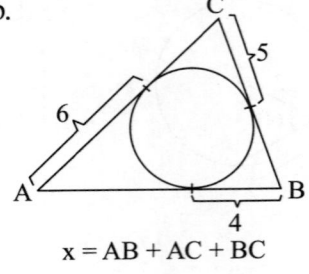 x = AB + AC + BC; 6, 5, 4

c. 12, 3, 9

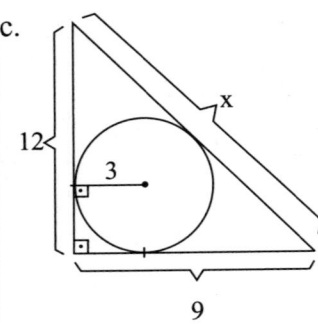

d. 12, 16, 20

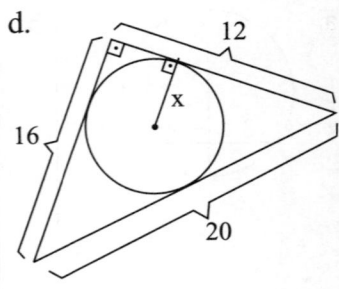

81 Determine o valor das incógnitas abaixo:

a. 9, 7, 10, x

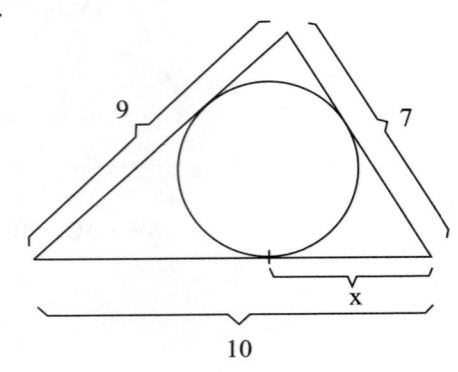

b. 11, 8, 7, y, x

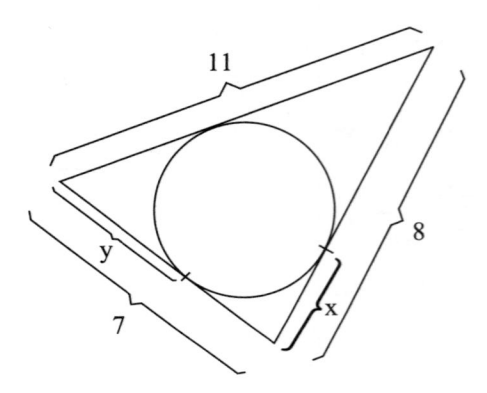

c. 19, 12, 20, 8, y, z, x

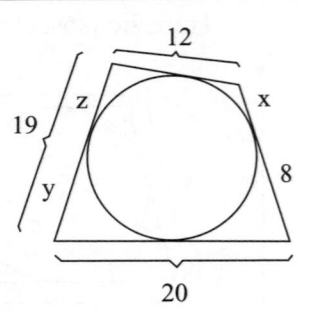

d. 6, 10, 12, x

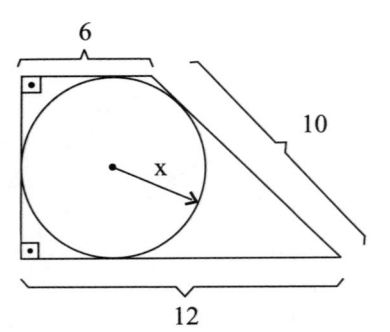

82 Uma circunferência inscrita em um losango ABCD tangencia o lado AB no ponto T determinando o segmento AT. Sendo AT = 16 cm e BS = 19 cm, determine o perímetro do losango ABCD, sabendo que S é o ponto de tangência no lado BC.

83 A corda AB de um círculo de centro O tem medida igual ao raio do círculo. Determine a medida do ângulo AÔB.

84 Na figura abaixo desenhe o menor e o maior segmento que unem o ponto P à circunferência C.

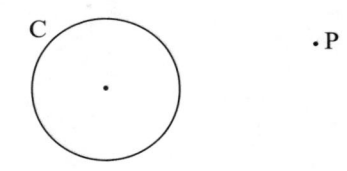

85 A maior distância de um ponto P à circunferência C de raio 18 cm é o quádruplo do diâmetro de C. Determine a menor distância de P até C.

86 Uma circunferência está inscrita em um triângulo ABC. Se M, N e P são os pontos de tangência com os lados AB, AC e BC, respectivamente, e AM = 6 m, BP = 4 m e CN = 3 m, determine o perímetro do triângulo.

87 Quanto mede o lado do quadrado circunscrito a um círculo de raio 6 m?

88 Quanto mede a diagonal de um quadrado inscrito em um círculo de raio 28 cm?

89 Quanto mede o raio do círculo inscrito em um quadrado de 32 m de perímetro?

90 Quanto mede o raio de um círculo que circunscreve um quadrado cuja diagonal mede 52 cm?

91 Uma circunferência está inscrita em um triângulo ABC, determinando sobre os lados AB, BC e AC os segmentos tangentes AP = 5 m, BQ = 7 m e CS = x. Sendo 32 m o perímetro do triângulo ABC, determine x.

92. Um trapézio isósceles e circunscritível tem perímetro igual a 72 cm. Determine a medida do lado oblíquo do trapézio.

93. Num triângulo retângulo de catetos de 5 m e 12 m e hipotenusa 13 m está inscrita uma circunferência. Calcule o raio desta circunferência.

94. Uma circunferência de raio 3 cm está inscrita em um triângulo retângulo cujos catetos medem 7 cm e 24 cm. Quanto mede a hipotenusa do triângulo?

95. Quanto mede o raio de um círculo inscrito em um trapézio retângulo de bases 45 cm e 36 cm e lado oblíquo 41 cm?

96. Um círculo de raio 12 cm está inscrito em um trapézio retângulo de base maior 30 cm e lado oblíquo 26 cm. Determine a medida da base menor do trapézio.

97. Seja A o vértice de um triângulo equilátero ABC. Se a distância de A até o ponto de tangência da circunferência inscrita com o lado AB é 43 m, determine o perímetro do triângulo ABC.

98. Duas circunferências de raios iguais a 15 cm são tangentes entre si e cada uma tangencia 3 lados de um mesmo retângulo. Determine o perímetro do retângulo.

99. Na figura abaixo, prove que o ângulo $\hat{A}$ é reto.

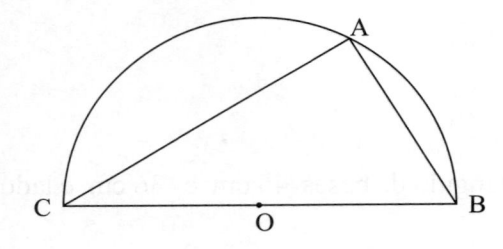

100. Na figura abaixo, determine a medida do raio da circunferência menor, sendo OA = 15, AB = 18 e AC = 24.

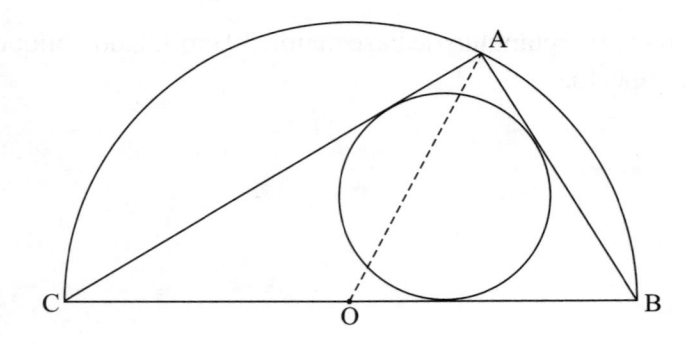

101 Na figura abaixo, tem-se AB = 20 cm, AC = 16 cm e BC = 8 cm. Determine os raios das circunferências.

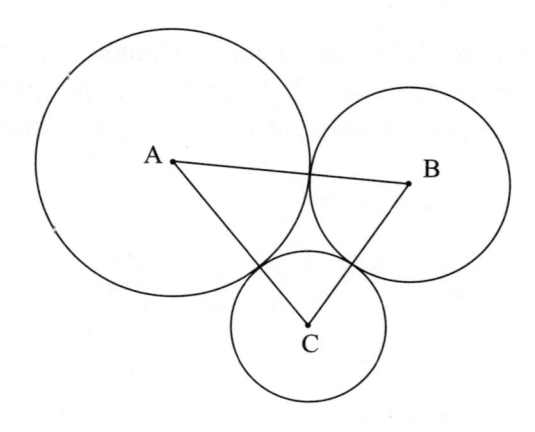

102 Na figura abaixo, AT = 15 cm. Determine o perímetro do triângulo ABC.

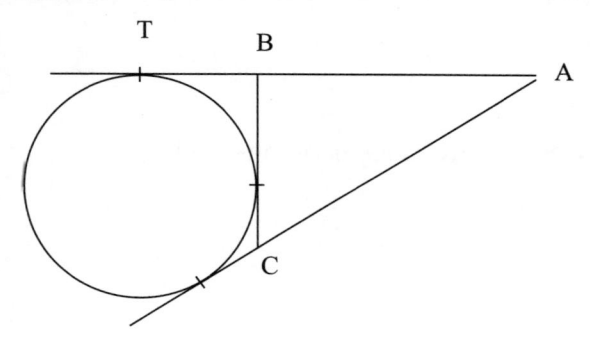

103 Na figura abaixo, o perímetro do triângulo ABC é 62 cm e BC = 12 cm. Determine o perímetro do triângulo ADE.

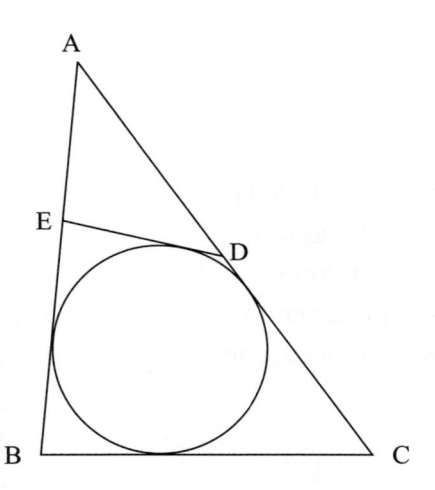

IX POLÍGONOS

A) POLÍGONO

Definição: num plano, sejam $V_1, V_2, \ldots, V_n$ ($n \geq 3$) pontos distintos dois a dois, de modo que três deles, se consecutivos, não são colineares (sendo V_1 o consecutivo de V_n). Chama-se **polígono** $V_1V_2\ldots V_n$ à união dos n segmentos com extremidades em dois pontos consecutivos. As figuras abaixo são exemplos de polígonos.

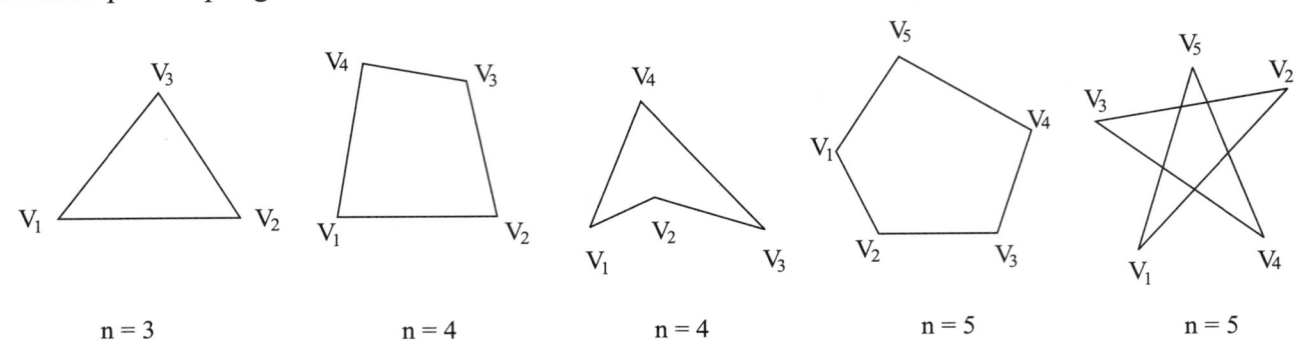

n = 3   n = 4   n = 4   n = 5   n = 5

$V_1, V_2, \ldots, V_n$: **vértices**; $\overline{V_1V_2}, \overline{V_2V_3}, \overline{V_3V_4}, \overline{V_4V_5}, \overline{V_5V_1}$: **lados**

Observação: qualquer segmento com extremidades em vértices não consecutivos é chamado de **diagonal** do polígono.

B) POLÍGONO SIMPLES

Definição: **polígonos simples** são os que não têm intersecção entre lados não-consecutivos.

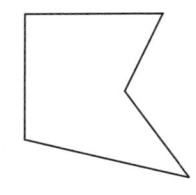

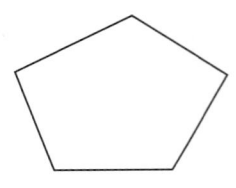

C) POLÍGONO CONVEXO

Definição: **polígonos convexos** são polígonos simples tais que, toda reta que contém um dos lados não contém, com exceção das extremidades desse lado, pontos de outro lado.

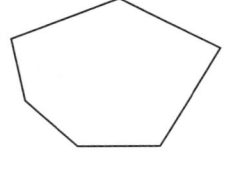

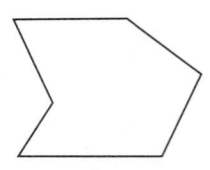

convexo   não convexo

D) NOMENCLATURA

Alguns polígonos recebem nomes especiais, de acordo com o número **n** de lados:

n = 3 ⇒ triângulo   n = 4 ⇒ quadrilátero   n = 5 ⇒ pentágono
n = 6 ⇒ hexágono   n = 7 ⇒ heptágono   n = 8 ⇒ octógono
n = 9 ⇒ eneágono   n = 10 ⇒ decágono   n = 11 ⇒ undecágono
n = 12 ⇒ dodecágono   n = 13 ⇒ tridecágono   n = 14 ⇒ tetradecágono
n = 15 ⇒ pentadecágono
⋮
n = 20 ⇒ icoságono

E) POLÍGONO REGULAR

Polígono equilátero: é aquele cujos lados são congruentes entre si.

Polígono equiângulo: é aquele cujos ângulos internos são congruentes entre si.

Polígono regular: é um polígono convexo, equilátero e **equiângulo**.

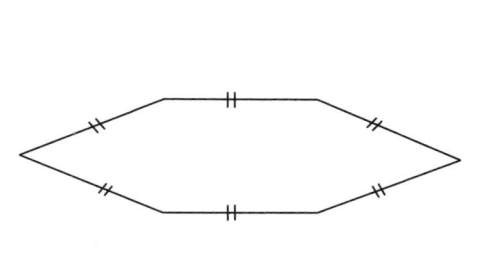

hexágono equilátero 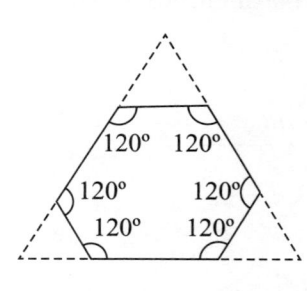   hexágono equiângulo 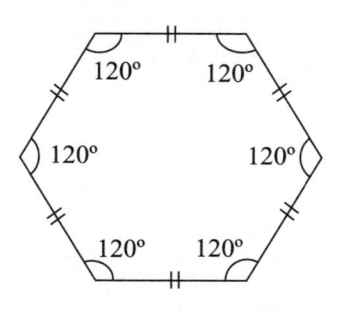   hexágono regular

Observação: o triângulo é o único polígono que, se for equilátero, será equiângulo e reciprocamente, se for equiângulo será equilátero.

F) TEOREMAS

T35 A soma dos ângulos internos (S_i) de um polígono convexo de **n** lados é dada por

$$S_i = (n - 2) \cdot 180°$$

(*Observação*: o teorema também é válido para polígonos simples não-convexos, mas a demonstração, neste caso, foge aos objetivos deste livro).

Demonstração: seja $V_1 V_2 \ldots V_n$ um polígono convexo de **n** lados. De um vértice qualquer (V_1, na figura) traçam-se todas as diagonais que têm esse vértice como extremo.

Então o polígono fica decomposto em $(n-2)$ triângulos e a soma S_i dos ângulos internos do polígono é igual à soma dos ângulos internos dos $(n-2)$ triângulos. Ou seja,

$$S_i = (n - 2) \cdot 180°$$

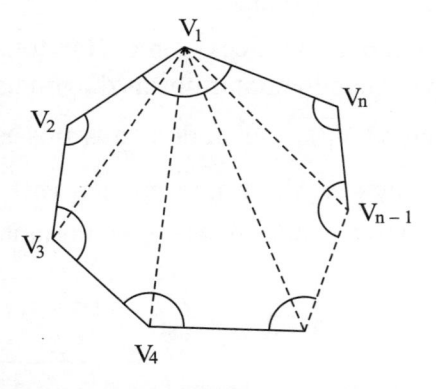

T36 A soma dos ângulos externos (S_e) de um polígono convexo de **n** lados é igual a 360°.

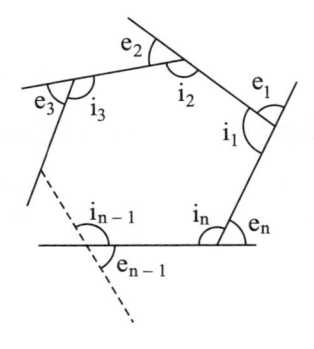

$$e_1 + e_2 + \ldots + e_n = 360°$$

ou

$$S_e = 360°$$

69

Demonstração: de acordo com a figura anterior, tem-se:

$$\begin{cases} i_1 + e_1 = 180° \\ i_2 + e_2 = 180° \\ \vdots \\ i_n + e_n = 180° \end{cases} \quad \text{somando membro a membro} \downarrow$$

$$\underbrace{(i_1 + i_2 + ... + i_n)}_{S_i} + \underbrace{(e_1 + e_2 + ... + e_n)}_{S_e} = n \cdot 180°$$

$(n-2) \cdot 180° \quad + \quad S_e \quad = n \cdot 180°$

$n \cdot 180° - 360° \quad + \quad S_e \quad = n \cdot 180° \Rightarrow \boxed{S_e = 360°}$

T37 O número de diagonais de um polígono convexo (**d**) de **n** lados é dado por

$$d = \frac{n(n-3)}{2}$$

Demonstração: primeiramente vejamos quantas diagonais saem de um vértice (digamos V_1). Se "ligarmos" V_1 com **todos** os **n** vértices do polígono, verificamos que três dessas **n** ligações **não são** diagonais:

$\overline{V_1V_1}$, $\overline{V_1V_2}$ e $\overline{V_1V_n}$. Logo, temos sempre de cada vértice, $(n-3)$ diagonais.

Como são **n** vértices, temos um total de n vezes $(n-3)$. Mas, quando contarmos as diagonais que saem de V_1, contaremos $\overline{V_1V_4}$ e quando contarmos as que saem de V_4, contaremos $\overline{V_4V_1}$. Então em $n(n-3)$ todas as diagonais estão contadas duas vezes. Portanto:

$$2d = n(n-3) \Rightarrow \boxed{d = \frac{n(n-3)}{2}}$$

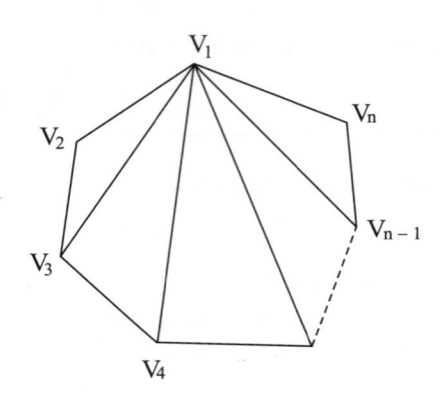

EXERCÍCIOS RESOLVIDOS

***Resolvido* 30** Qual é o polígono cuja soma dos ângulos internos é igual a 1980°?

Solução: $S_i = 1980° \Rightarrow (n-2) \cdot 180° = 1980° \Rightarrow$

$$\Rightarrow (n-2) = \frac{1980°}{180°} \Rightarrow n - 2 = 11 \Rightarrow n = 13$$

Resposta: é o tridecágono

***Resolvido* 31** A soma do total de lados de dois polígonos é igual a 20 e a diferença entre a soma dos ângulos internos do primeiro e a soma dos ângulos internos do segundo é igual a 720°. Quais são esses polígonos?

Solução: n_1: total de lados do primeiro polígono

n_2: total de lados do segundo polígono

Tem-se:

$$\begin{cases} n_1 + n_2 = 20 \\ S_1 - S_2 = 720° \end{cases} \Rightarrow \begin{cases} n_1 + n_2 = 20 \\ (n_1 - 2).180° - (n_2 - 2).180° = 720° \end{cases} \Rightarrow$$

$$\Rightarrow \begin{cases} n_1 + n_2 = 20 \\ \dfrac{(n_1 - 2) - (n_2 - 2)}{4} = \dfrac{1}{2} \end{cases} \Rightarrow \begin{cases} n_1 + n_2 = 20 \\ n_1 - n_2 = 4 \end{cases} \Rightarrow n_1 = 12 \; , \; n_2 = 8$$

Resposta: octógono e dodecágono.

Resolvido 32 Qual polígono tem o dobro de diagonais igual ao triplo do número de lados?

Solução:

d : total de diagonais ; **n** : número de lados

$2d = 3n \Rightarrow 2 \cdot \dfrac{n(n-3)}{2} = 3n \Rightarrow n(n-3) = 3n \Rightarrow$

$\Rightarrow n^2 - 3n = 3n \Rightarrow n^2 - 6n = 0 \Rightarrow n.(n-6) = 0$

$\Rightarrow n = 0$ (impossível) ou $n - 6 = 0 \Rightarrow \boxed{n = 6}$

Resposta: hexágono

Resolvido 33 De cada vértice de um polígono é possível traçar um número máximo de 12 diagonais. Calcule a soma dos ângulos internos desse polígono.

Solução:

Se um polígono tem **n** lados, então é possível traçar, de cada vértice, um máximo de $n-3$ diagonais.
Portanto, $n - 3 = 12 \Rightarrow n = 15$ (pentadecágono)
Logo,

$S_i = (n-2) \cdot 180° \Rightarrow S_i = (15-2) \cdot 180° \Rightarrow \boxed{S_i = 2340°}$

Resposta: 2340°

Resolvido 34 Determine as medidas do ângulo externo e do ângulo interno de um polígono regular de 24 lados.

Solução:

A soma dos ângulos externos é sempre 360°. Sendo 24 o total de lados do polígono, seu número total de ângulos externos é também 24.

Se a_e indica a medida de um ângulo externo, teremos que 24 vezes esse valor dará a soma dos ângulos externos, isto é,

$$24 \cdot a_e = 360° \Rightarrow a_e = \dfrac{360°}{24} \Rightarrow a_e = 15°$$

Sendo a_i a medida do ângulo interno, tem-se:

$$a_i + a_e = 180° \Rightarrow a_i + 15° = 180° \Rightarrow a_i = 165°$$

Resposta: $a_e = 15°$; $a_i = 165°$

EXERCÍCIOS

104 Determine o valor de x nos casos abaixo:

a. Pentágono com ângulos: 124°, 90°, 103°, 112°, x

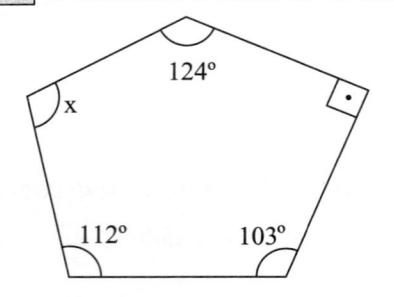

b. Hexágono com ângulos: 90°, 131°, 118°, 140°, x, 122°

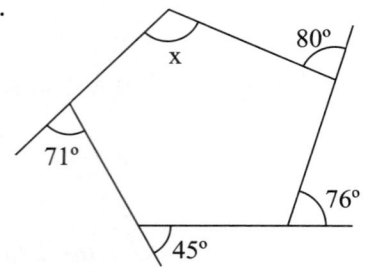

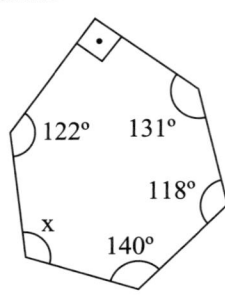

c. Heptágono com ângulos: x, 131°, 153°, 119°, 120°, 112°, 135°

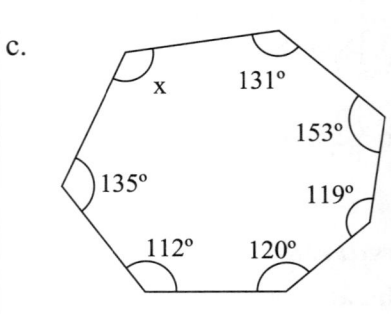

d. Quadrilátero com ângulos internos x, 80° e ângulos externos 71°, 45°, 76°

e. Hexágono com ângulos internos x, 92°, 72°, 57°, 48° e ângulo externo 50°

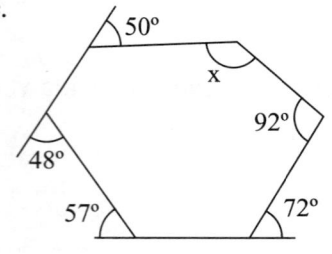

f. Octógono com ângulos: x, 118°, 120°, 40°, 130° e ângulos externos 32°, 46°, 156°

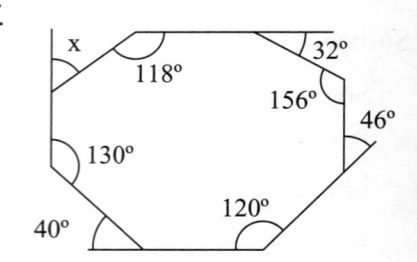

g. Pentágono: 4x + 35°, 100°, 68°, 3x + 72°, 99°

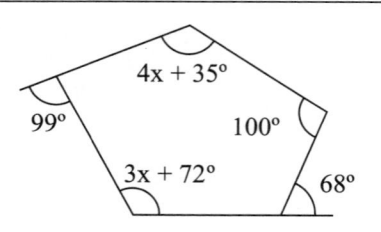

h. Hexágono: x + 58°, 116°, x + 50°, 176° − x, 160°, 2x + 4°

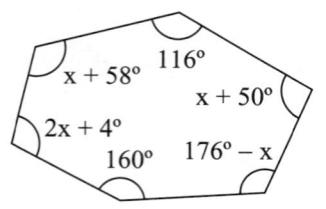

i. Pentágono com ângulos 100°, 86°, 2x + 4°, 2x, 100° e ângulo 50°

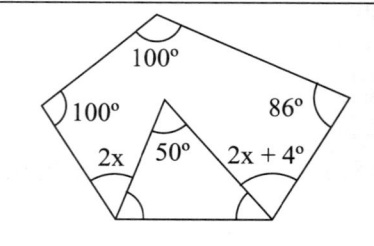

105 Determine a soma dos ângulos internos de um:

a. eneágono (9 lados)

b. dodecágono (12 lados)

c. pentadecágono (15 lados)

106 Qual é o polígono cuja soma dos ângulos internos é igual a 1440°?

107 Quantos lados tem o polígono cuja soma dos ângulos internos é igual a 3240°?

108 A soma dos ângulos internos de um polígono é igual a 2880°. Quantos lados tem esse polígono?

109 A soma do total de lados de dois polígonos é igual a 14 e a diferença entre a soma dos ângulos internos do primeiro e a soma dos ângulos internos do segundo é igual a 360°. Quais são esses polígonos?

110 A soma do total de lados de dois polígonos é igual a 24 e a diferença entre a soma dos ângulos internos do primeiro e a soma dos ângulos internos do segundo é igual a 720°. Determine quais são esses polígonos.

111 A soma do total de lados de dois polígonos é igual a 15 e a soma dos ângulos internos de um excede a soma dos ângulos internos do outro em 540°. Determine esses polígonos.

112 A diferença entre o número de lados de dois polígonos é 3 e a soma dos ângulos internos do primeiro somada com a soma dos ângulos internos do segundo é igual a 2340°. Determine quais são os polígonos.

113 A diferença entre o número de lados de dois polígonos é 5. A soma dos ângulos internos do primeiro excede a soma dos ângulos externos do segundo em 1980°. Determine esses polígonos.

114 Determine o total de diagonais de um:

a. decágono

b. undecágono

c. icoságono

115 Quantas diagonais saem de cada vértice de um:

a. octógono

b. pentadecágono

c. icoságono

116 De cada vértice de um certo polígono saem 14 diagonais. Quantos lados tem esse polígono?

117 De cada vértice de um certo polígono saem 9 diagonais. Calcule a soma dos ângulos internos desse polígono.

118 Que polígono tem o total de diagonais igual ao triplo do número de lados?

119 Que polígono tem o total de diagonais igual ao quádruplo do número de lados?

120. Determine o total de diagonais de um polígono cuja soma dos ângulos internos é igual a 1440°.

121. Um polígono tem soma dos ângulos internos igual a 1620°. Se acrescentarmos um lado ao total de lados desses polígono, quantas diagonais ele passará a ter?

122. De cada vértice de um polígono saem 11 diagonais. Qual é o total de diagonais desse polígono?

123. A diferença entre o total de lados de dois polígonos é dois e a diferença entre o total de diagonais é 9. Determine esses polígonos.

Geometria Plana - 8º ano Polígonos

124 Determine as medidas do ângulo externo e do ângulo interno de um pentágono regular.

125 Determine as medidas do ângulo externo e do ângulo interno de um:
a. hexágono regular
b. octógono regular
c. decágono regular
d. dodecágono regular
e. pentadecágono regular
f. icoságono regular

126 Em cada caso é dada a medida do ângulo externo de um polígono regular. Determine o número de lados do polígono.
a. 6°
b. 15°
c. 40°

127 Em cada caso é dada a medida do ângulo interno de um polígono regular. Calcule o número de lados do polígono.
a. 108°
b. 135°
c. 165°

77

128 Num certo polígono regular o ângulo interno é o quádruplo do ângulo externo. Determine o total de diagonais do polígono.

129 Num polígono regular o ângulo interno excede o externo em 90°. Determine o total de diagonais do polígono.

130 Quantas diagonais passam no centro de um

a. quadrado

b. hexágono regular

c. octógono regular

131 Um polígono regular tem 10 diagonais que passam pelo seu centro. Responda:

a. quantos lados tem o polígono?

b. Qual é o total de diagonais do polígono?

c. Quantas diagonais não passam pelo centro do polígono?

132 Um polígono regular tem soma dos ângulos internos igual a 2160°. Quantas diagonais passam pelo centro do polígono?

133 Um polígono regular tem ângulo interno de 150°. Quantas diagonais **não** passam pelo centro do polígono?

134 O pentágono abaixo é regular. Determine o valor dos ângulos assinalados.

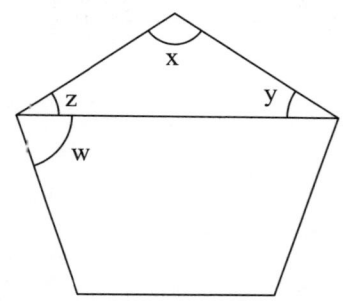

135 O hexágono abaixo é regular. Determine o valor das incógnitas.

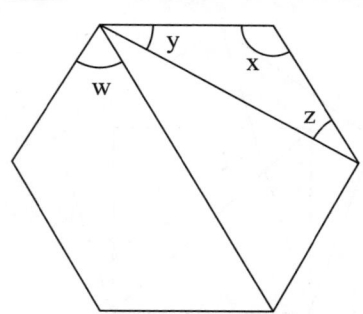

136 O pentágono abaixo é regular. Determine as incógnitas.

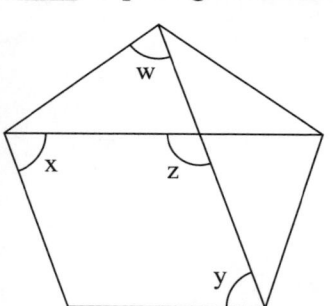

Geometria Plana - 8º ano

137 O hexágono abaixo é regular. Determine as incógnitas.

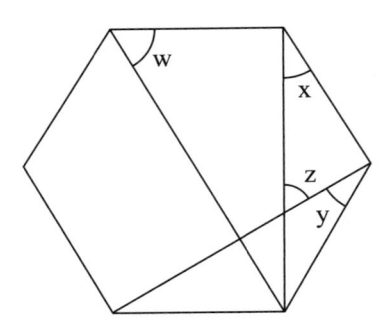

138 Determine as incógnitas nos casos abaixo, sabendo que os pentágonos são regulares e que o triângulo PAB é equilátero.

a.

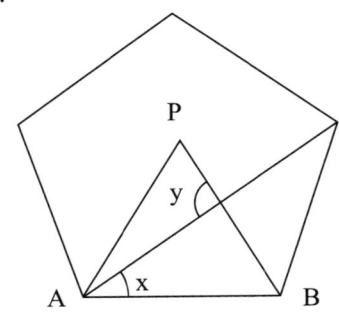

b.

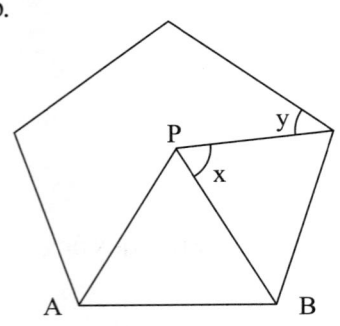

c.

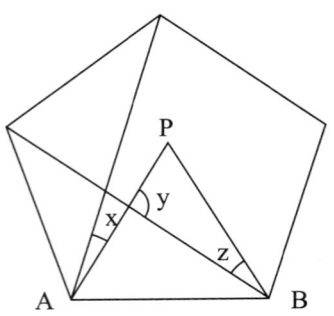

139 Em cada caso abaixo tem-se um pentágono regular e um quadrado. Determine as incógnitas.

a.

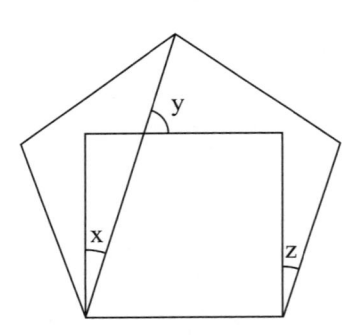

b.

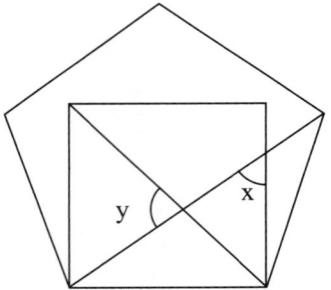

c.

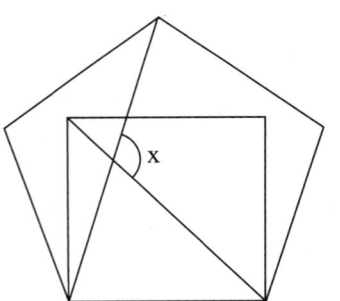

Geometria Plana - 8º ano

Polígonos

140 Em cada caso abaixo tem-se um hexágono regular e um quadrado. Determine as incógnitas.

a.

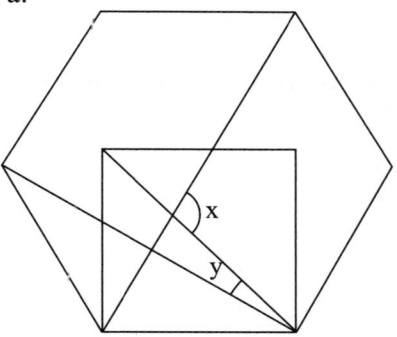

b.

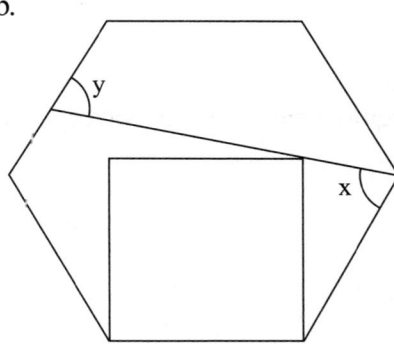

c.

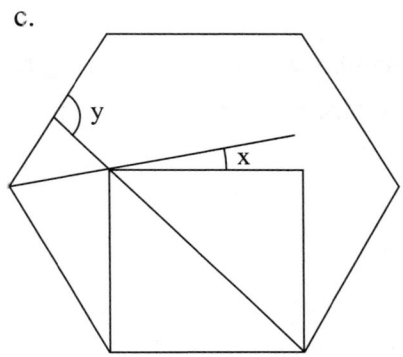

141 Na figura abaixo tem-se um hexágono e um pentágono regulares. Determine x e y.

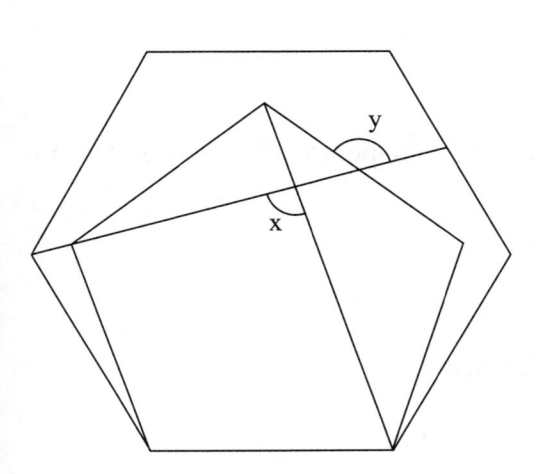

81

X ÂNGULOS RELACIONADOS COM ARCOS

A) ÂNGULO CENTRAL

Definição: ângulo central de uma circunferência é qualquer ângulo cujo vértice seja o centro da circunferência.

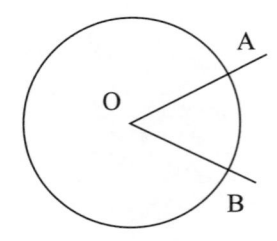

AÔB é ângulo central

$\widehat{AB}$ é o arco correspondente a AÔB

B) MEDIDA DE UM ARCO

A medida de um arco de circunferência é, por definição, a medida do ângulo central que lhe corresponde.

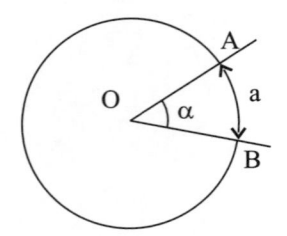

medida de $\widehat{AB}$ = α

(ou, simplesmente, a = α)

Observação: não confunda **medida de um arco** com **medida do comprimento** de um arco. Na figura abaixo, $\widehat{AB}$ e $\widehat{CD}$ são arcos de mesma medida, mas não têm o mesmo comprimento.

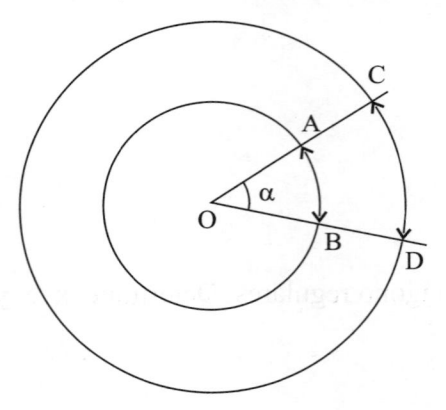

C) ÂNGULO INSCRITO

1 – Definição: um ângulo é inscrito numa circunferência se o seu vértice é um ponto dela e se os seus lados contêm, cada um deles, uma corda.

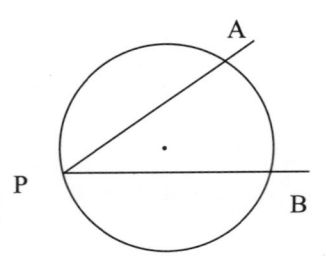

AP̂B é inscrito na circunferência

$\widehat{AB}$ é o arco correspondente a AP̂B

2 – TEOREMA

T38 | O ângulo inscrito numa circunferência mede metade do arco que lhe corresponde.

$$\alpha = \frac{a}{2}$$

Demonstração:

1º caso: um dos lados do ângulo contém o centro da circunferência.

Traça-se o raio OA.

OA = OP $\Rightarrow$ ΔOPA é isósceles $\Rightarrow$ OÂP = α

AÔB é externo ao ΔOAP $\Rightarrow$ AÔB = α + α = 2α

Por definição, AÔB = $\widehat{AB}$, ou seja, 2α = a. Daí, $\alpha = \frac{a}{2}$

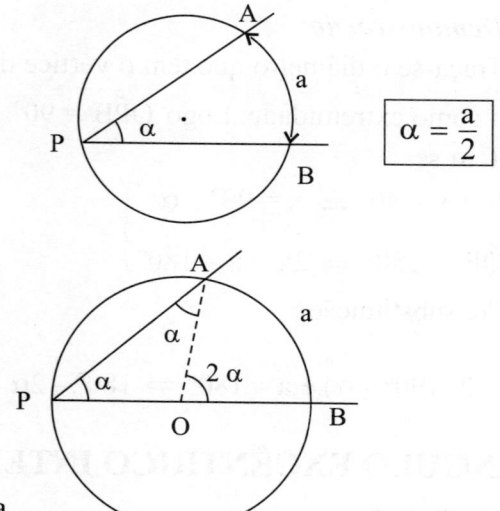

2º caso: nenhum dos lados do ângulo contém o centro. Basta traçar a reta que passa pelo vértice do ângulo e pelo centro da circunferência e aplicar o 1º caso.

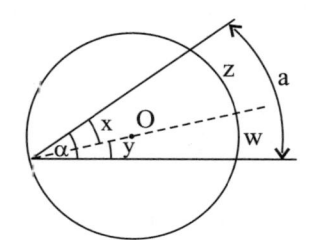

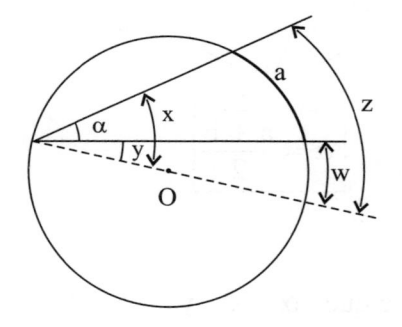

$$\left. \begin{array}{l} x = \dfrac{z}{2} \\ y = \dfrac{w}{2} \end{array} \right\} \Rightarrow x + y = \dfrac{z+w}{2} \Rightarrow \boxed{\alpha = \dfrac{a}{2}}$$

$$\left. \begin{array}{l} x = \dfrac{z}{2} \\ y = \dfrac{w}{2} \end{array} \right\} \Rightarrow x - y = \dfrac{z-w}{2} \Rightarrow \boxed{\alpha = \dfrac{a}{2}}$$

D) ÂNGULO SEMI-INSCRITO (OU ÂNGULO DE SEGMENTO)

1 – Definição

Um ângulo é dito ângulo de segmento se seu vértice pertence a uma circunferência, um de seus lados contém uma corda e o outro uma tangente da circunferência.

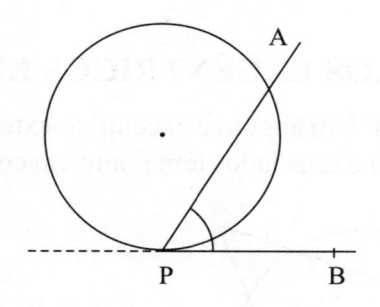

AP̂B : ângulo de segmento

2 – TEOREMA

T39 | O ângulo de segmento mede a metade do arco compreendido entre seus lados.

Demonstração:

Traça-se o diâmetro que tem o vértice do ângulo de segmento como extremidade. Logo $O\hat{P}B = 90°$.

Tem-se.

$$\left.\begin{array}{l}\alpha + x = 90° \Rightarrow x = 90° - \alpha \\ \widehat{QP} = 180° \Rightarrow 2x + a = 180°\end{array}\right\}$$

Por substituição:

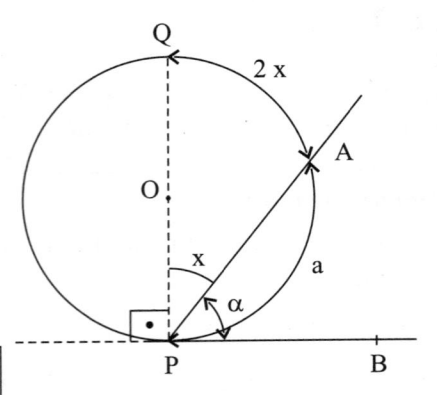

$$2 \cdot (90° - \alpha) + a = 180° \Rightarrow 180° - 2\alpha + a = 180° \Rightarrow \boxed{\alpha = \dfrac{a}{2}}$$

E) ÂNGULO EXCÊNTRICO INTERIOR

1 – Definição

Um ângulo é excêntrico interior a uma circunferência se seu vértice é interior a circunferência mas não é o centro. Na figura, $A\hat{P}B$ é excêntrico interior.

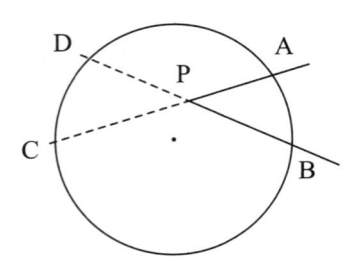

2 – TEOREMA

T40 A medida de um ângulo excêntrico interior é igual a média aritmética dos arcos compreendidos entre seus lados e entre os lados do seu oposto pelo vértice.

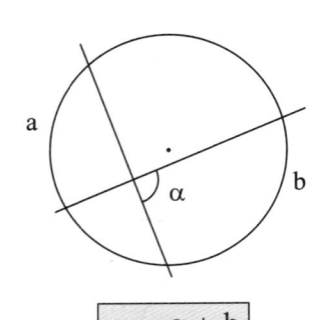

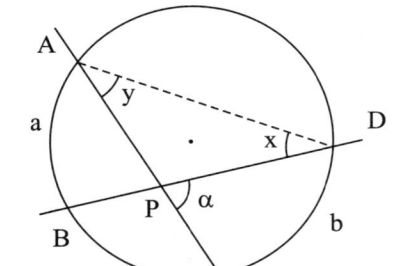

$$\boxed{\alpha = \dfrac{a+b}{2}}$$

Demonstração:

Traça-se a corda $\overline{AD}$.

Como α é externo do Δ PAD, segue que $\alpha = x + y$.

Como x e y são inscritos, tem-se

$$\alpha = x + y \Rightarrow \alpha = \dfrac{a}{2} + \dfrac{b}{2} \Rightarrow \boxed{\alpha = \dfrac{a+b}{2}}$$

F) ÂNGULOS EXCÊNTRICOS EXTERIORES

1– Definição: Um ângulo é excêntrico exterior de uma circunferência se seu vértice está na região externa à circunferência e seus lados têm ponto em comum com a mesma.

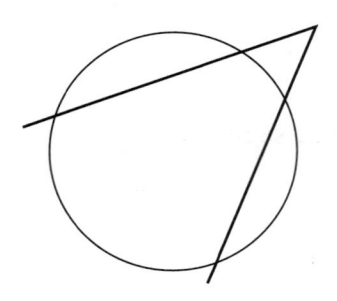

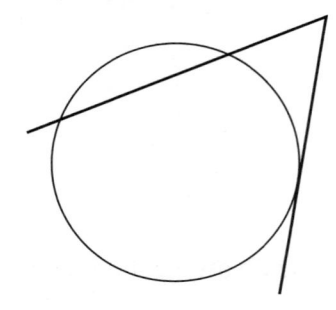

a. secantes   b. secante e tangente   c. tangentes

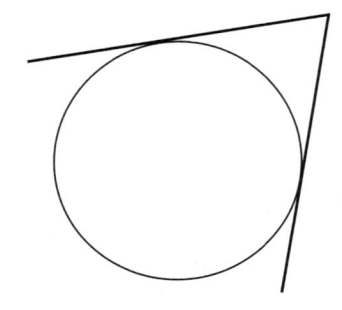

2 – TEOREMA

T41 | O ângulo excêntrico exterior mede metade da diferença dos arcos compreendidos entre seus lados.

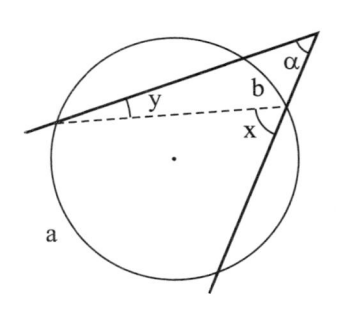

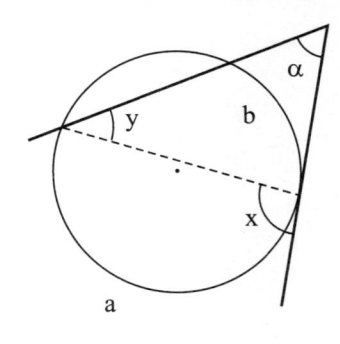

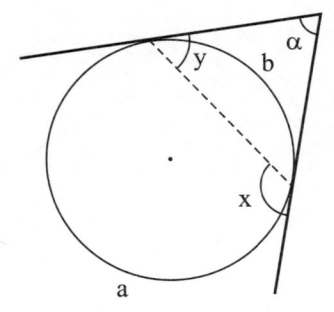

Nos três casos, tem-se $x = \dfrac{a}{2}$, $y = \dfrac{b}{2}$ e $x = \alpha + y$

Logo, $\alpha + y = x \Rightarrow \alpha + \dfrac{b}{2} = \dfrac{a}{2} \Rightarrow \boxed{\alpha = \dfrac{a-b}{2}}$

G) QUADRILÁTERO INSCRITO

1 – TEOREMA

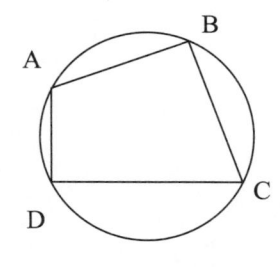

T42 | Se um quadrilátero está inscrito em uma circunferência, então seus ângulos opostos são suplementares.

Demonstração:

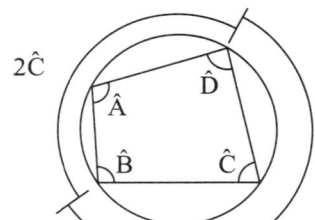

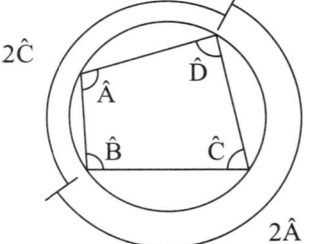

$2\hat{A} + 2\hat{C} = 360°$

$\therefore \hat{A} + \hat{C} = 180°$

Analogamente,

$\hat{A} + \hat{C} = 180°$
$\hat{B} + \hat{D} = 180°$

2 – TEOREMA

T43 | Se dois ângulos opostos de um quadrilátero são suplementares, então o quadrilátero é inscritível.

Demonstração: se dois ângulos são suplementares, os outros dois também serão, porque a soma dos ângulos internos do quadrilátero é 360°. Como três pontos não colineares sempre estão em uma circunferência, consideremos a que passa por A, B e C. Suponhamos que ela não passe por D.

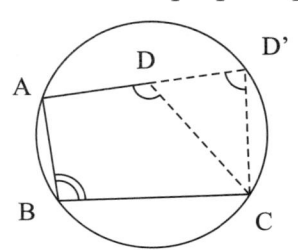

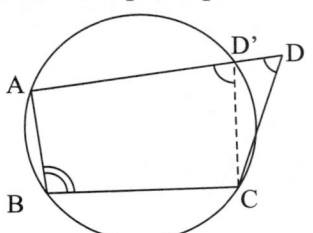

Ou D está no interior ou D está no exterior da circunferência. Seja D' o ponto em que a reta AD encontra a circunferência. Então $\hat{B} + \hat{D} = 180°$, por hipótese e $\hat{B} + \hat{D}' = 180°$, pelo teorema anterior. Logo $\hat{D} = \hat{D}'$, o que é absurdo, pois em qualquer triângulo, cada ângulo externo é maior do que cada interno que não lhe seja adjacente. E isto não estaria se cumprindo no $\triangle$ CDD'. O absurdo ocorreu por supormos que D não estivesse na circunferência. Logo, o quadrilátero é inscrito.

85

EXERCÍCIO RESOLVIDO

Resolvido 35 Calcule x, y e z na figura abaixo.

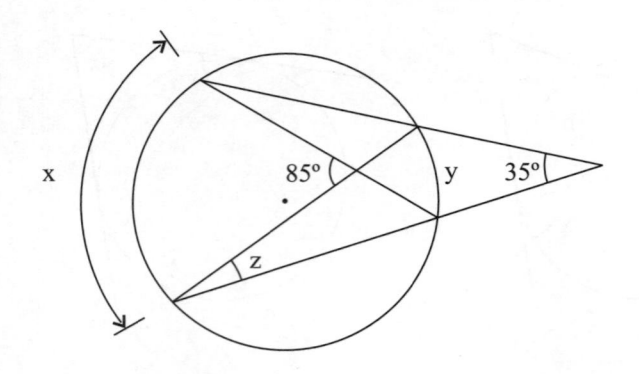

Solução:

$$\frac{x+y}{2} = 85° \Rightarrow x+y = 170°$$
$$\frac{x-y}{2} = 35° \Rightarrow x-y = 70°$$

Resolvendo o sistema vem $x = 120°$, $y = 50°$

z é inscrito $\Rightarrow z = \frac{y}{2} \Rightarrow z = \frac{50°}{2} \Rightarrow z = 25°$

Resposta: $x = 120°$, $y = 50°$, $z = 25°$

Geometria Plana - 8º ano Ângulos Relacionados com Arcos

EXERCÍCIOS

142 Determine o valor das incógnitas nos casos abaixo (Obs.: o ponto "O" é o centro das circunferências).

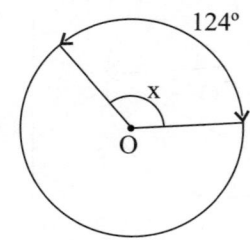

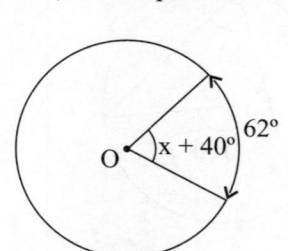

a. (circunferência com ângulo central 57° e arco x)

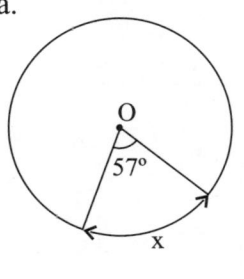

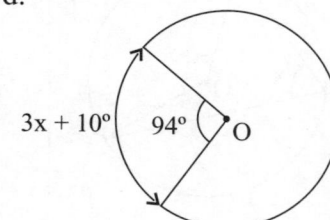

b. (arco 124°, ângulo central x)

c. (ângulo central $x + 40°$, arco 62°)

d. (arco $3x + 10°$, ângulo central 94°)

e. (arcos $3x + 10°$ e $2x + 30°$)

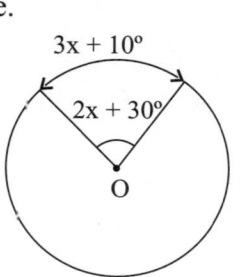

f. (arco $6x - 20°$, ângulo central $3x + 25°$)

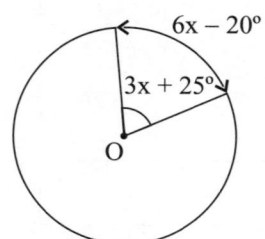

g. (ângulo central $136° - 2x$, arco $172° - 4x$)

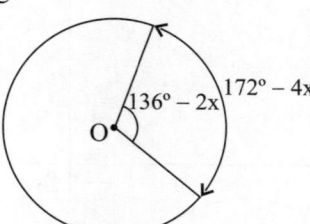

h. (arco $6x - 15°$, ângulo central 123°)

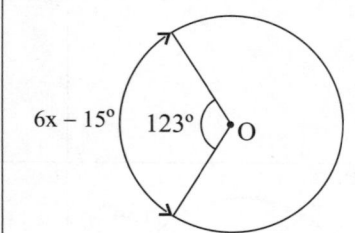

i. (arco 134°, ângulo inscrito x)

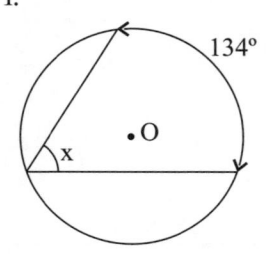

j. (ângulo inscrito 42°, arco x)

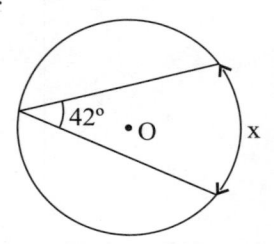

l. (arco 118°, ângulo central $2x + 27°$)

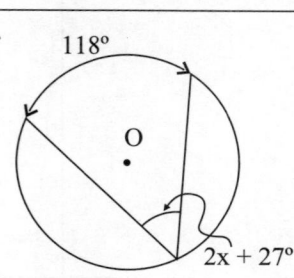

m. (ângulo inscrito $95° - 2x$, arco $4x + 54°$)

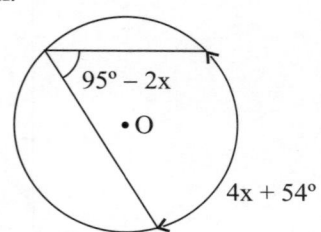

n. (arco 100°, ângulo inscrito x)

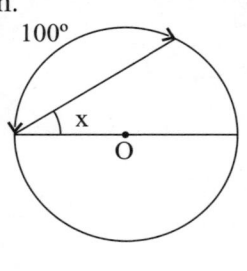

o. (arco x, ângulo inscrito 32°)

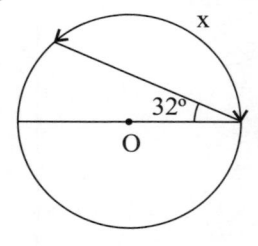

p. (arco 50°, ângulos x e y)

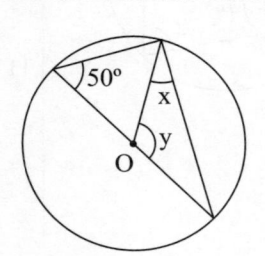

q. (arco 132°, ângulos x e y)

87

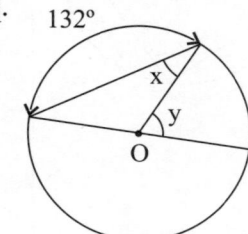

Geometria Plana - 8º ano — Ângulos Relacionados com Arcos

143 Determine as incógnitas nos casos abaixo (Obs.: o ponto "O" é o centro das circunferências).

a. 156°, x, y

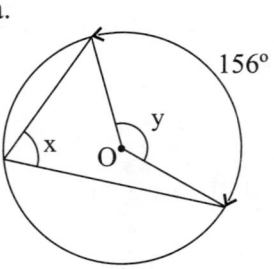

b. x, 134°

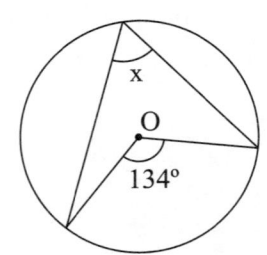

c. 92°, x, y

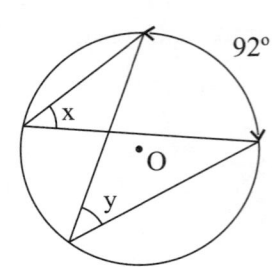

d. x

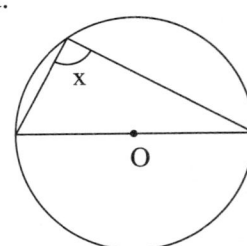

e. 134°, x, 62°

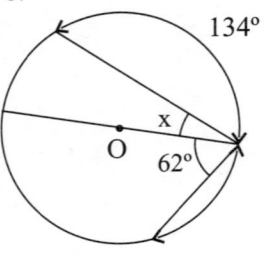

f. x, 60°

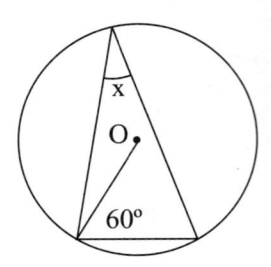

g. x, 36°

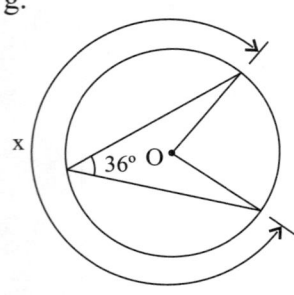

h. 78°, 64°, x, y

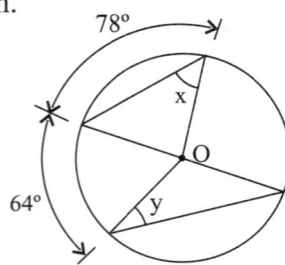

i. 94°, 82°, y, x

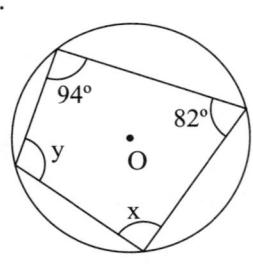

j. 4x + 20°, 82°, 3y + 11°, 72°

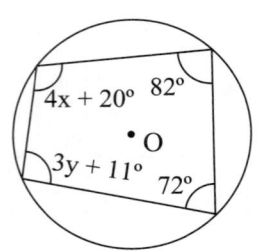

l. 102°, 110°, 5y + 13°, 112° − 2x

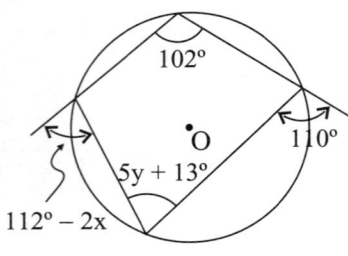

m. 8x, 4y + 30°, 4x + 30°, 5y

88

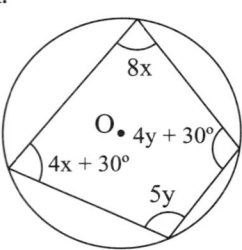

Geometria Plana - 8º ano — *Ângulos Relacionados com Arcos*

144 Determine os valores dos ângulos assinalados (Obs.: o ponto "O" é o centro das circunferências).

a. 31°, 17°, x

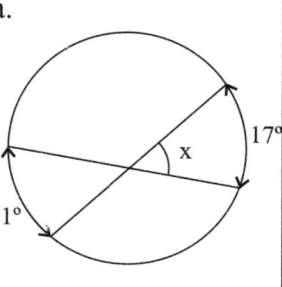

b. 42°, 144°, x

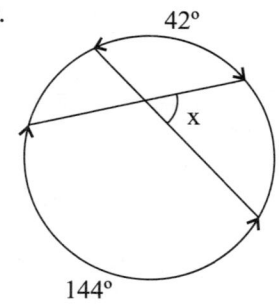

c. 82°, 21°, x

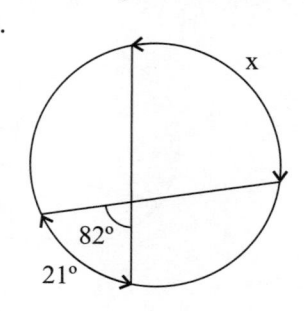

d. 154°, 92°, x

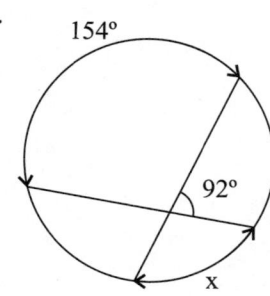

e. 100°, 140°, x

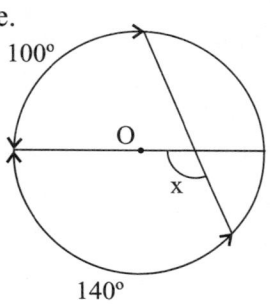

f. 150°, 124°, x

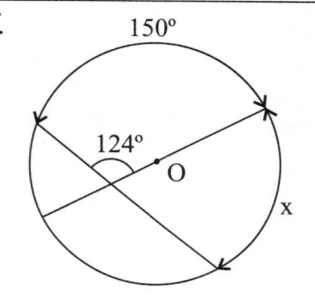

g. $3x + 34°$, 110°, $82° - x$

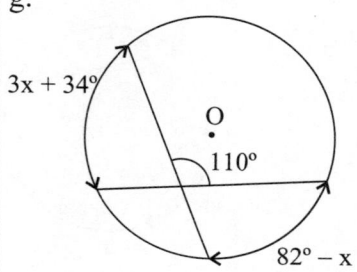

h. $3x + 12°$, $155° - x$, $2x + 18°$

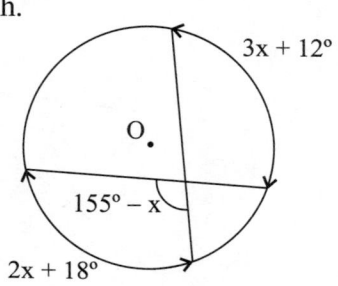

i. 102°, 20°, x, y

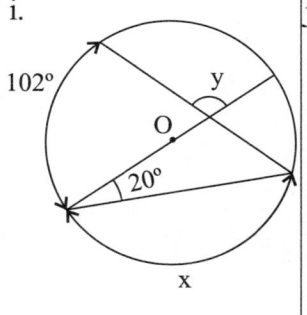

j. 83°, 68°, x, y

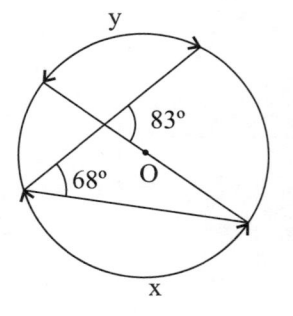

l. x, 20°, 40°, y

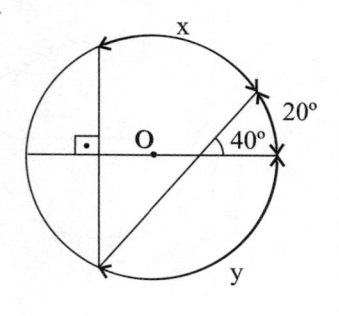

m. x, 112°, 30°, y

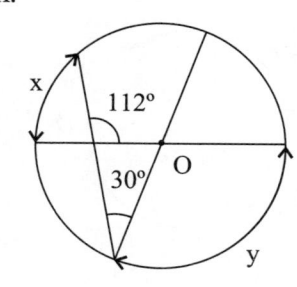

145 Determine as incógnitas nas figuras abaixo.

a. 105°, 39°, x

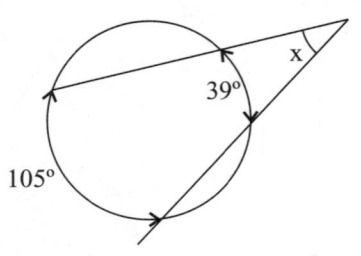

b. x, 36°, 21°

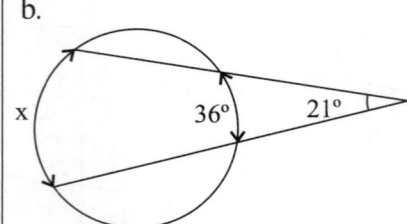

c. 83°, x, 23°

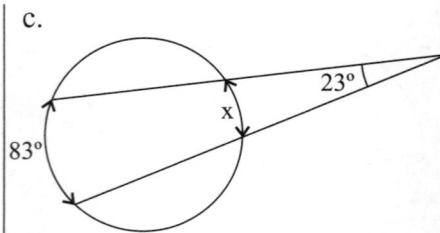

d. 141°, 58° − x, 6x + 38°

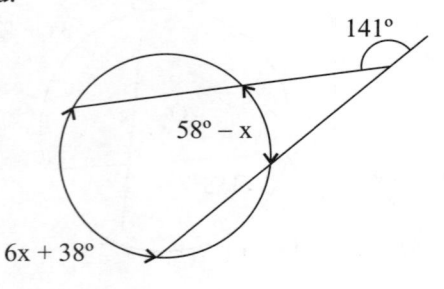

e. 178° − 3x, 56° − x, 3x − 3°

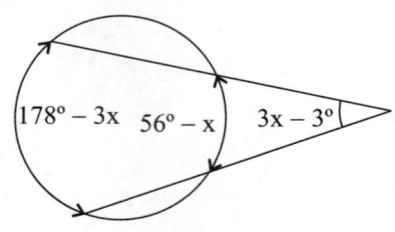

f. x, 100°, 165°

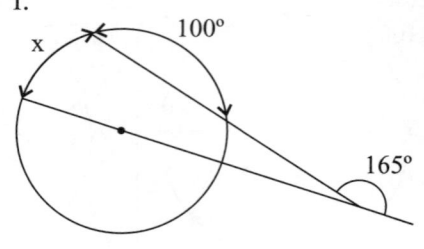

g. 140°, 82°, x

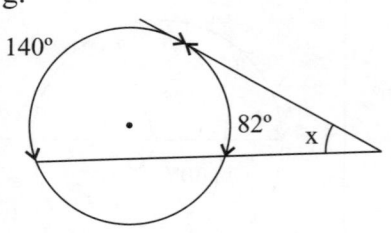

h. x, 28°

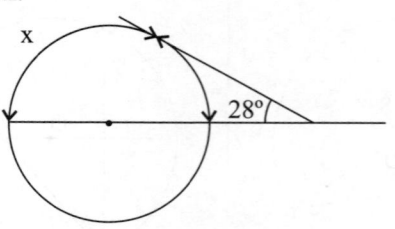

i. x, 46°

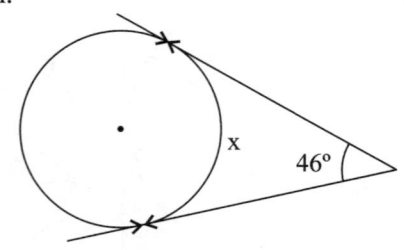

146 Determine as incógnitas nos casos abaixo.

a. 82°, x

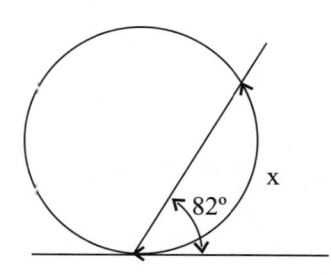

b. 156°, x

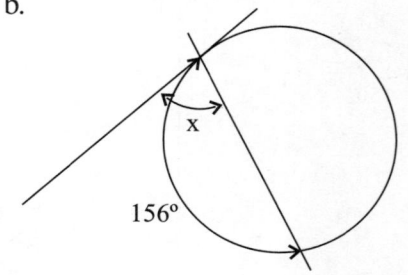

c. x, 78°

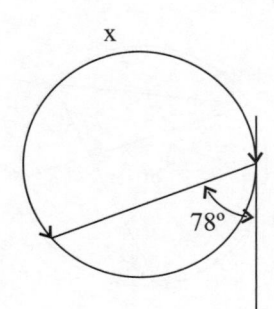

d. 232°, x

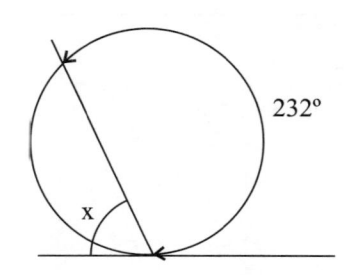

e. x, 136°

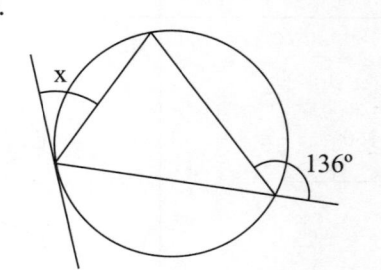

f. 48°, x

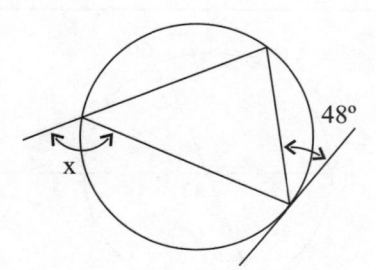

g. 146°, 84°, x

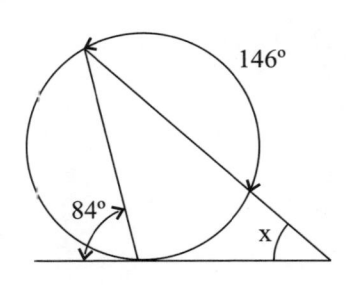

h. 70°, x, 142°, 24°

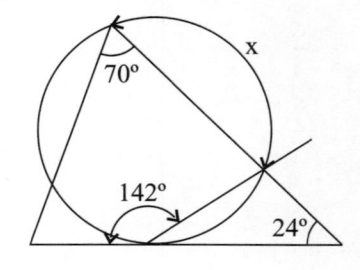

i. 50°, x, y, 30°

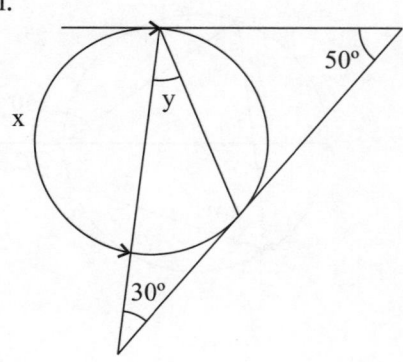

147 Determine as incógnitas nos casos abaixo.

a.

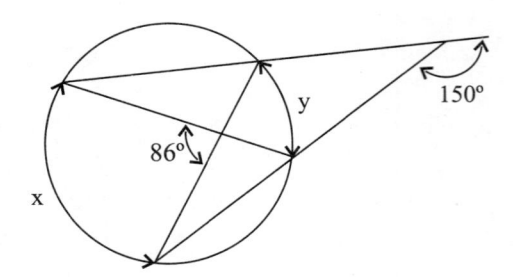

b.

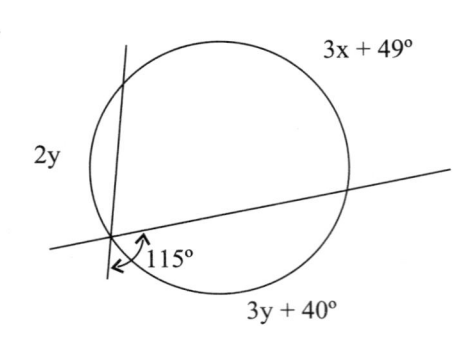

c.

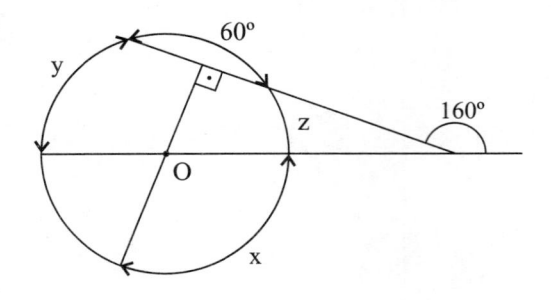

d.

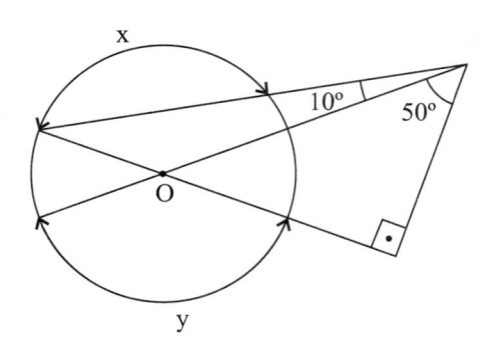

e.

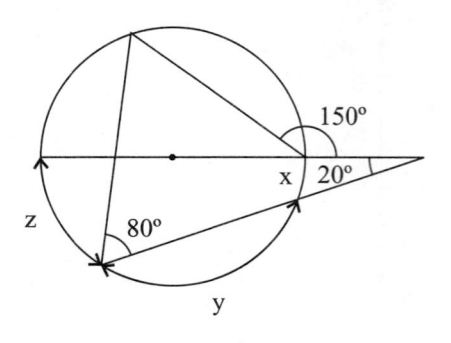

f.

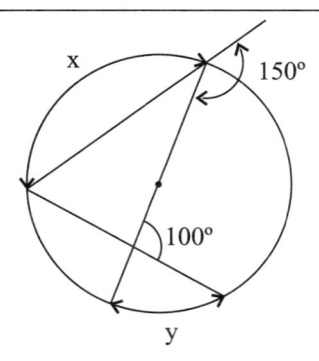

RESPOSTAS

01 01 a. 3 cm b. 4 cm **02** a. 2 cm b. 9 cm **03** a. 13 cm b. 10 cm

04 25 cm **05** 175 cm **06** 16 cm **07** a. x = 7 cm , y = 10 cm b. x = 6 cm , y = 2 cm

08 10 cm **09** x = 3 cm , y = 5 cm **10** 160 cm, 80 cm , 60 cm **11** 13 cm

12 42 cm ou 22 cm **13** 45 cm ou 105 cm **14** 60 cm e 12 cm ou 90 cm e 18 cm

16 32 cm **17** a. 53° b. 27° c. 37° d. 18°

e. 22° f. 25° g. 9° h. 14° i. 122° **18** a. 6°, 29° , 151°

b. 4° , 142° , 38° c. 15° , 20° , 42° d. 30° , 22° , 50° e. 18° , 9° , 150° f. 20° , 30° , 160°

19 a. 12° b. 8° c. 36° d. 9° e. 15° f. 23°

20 a. 10° b. 17° **21** a. 26° b. 31° **22** a. x = 30° , y = 18°

b. x = 20° , y = 12° **23** 62° **24** 64° ou 28° **25** 30° e 10° ou 60° e 20°

26 96° e 24° ou 160° e 40° **27** 52° **28** 118° **29** a. x =118° , y = 62°

b. x = y = 132° , z = 48° c. x = 108° , y = 72° d. 32° e. x = 28° , y = 68°

f. x = 16° , y = 22° g. x = 10° , y = 12° h. x = 20° , y = 10°

i. x = 14° , y = 37° **30** a. x = 108° , y = 54° b. x = 71° , y = 22°

c. x = 8° , y = 15° d. x = 7° , y = 9° e. x = 50° , y = 70° , z = 60°

f. x = 132° , y = 48° , z = 132° **31** a. x = 70° , y = 30° , z = 80° b. x = 40° , y = 80°

c. 70° d. 52° e. 58° f. 27° g. 116° h. 95°

i. 120° j. 60° l. 80° m. 44° **32** a. 92° b. 144°

c. 23° **33** 20° **34** 15° **35** 500° **36** 100° **37** 70°

38 18° **39** a. L.A.L b. L.L.L c. A.L.A d. L.A.A$_o$

e. Não são congruentes f. L.A.L g. caso cateto-hipotenusa h. L.A.A$_o$

i. Não são congruentes j. Não são congruentes l. L.A.A$_o$

m. Não são congruentes n. L.A.L ou L.L.L o. Não são congruentes

p. L.A.L ou A.L.A ou L.A.A$_o$ q. Não são congruentes **40** a. 60° b. 70°

c. 60° d. 45° e. x = y = 50° f. 40° g. 18° h. 88° i. 30°

j. 12° l. 15° m. 14° n. 15° o. 59° p. 16°

q. 14° **41** a. 126° b. 75° c. 30° d. 52° e. 64°

f. 30° g. 90° h. 30° i. 140° **42** a. x = 65° , y = 85° , z = 95°

b. x = 80° , y = 130° c. x = 28° , y = 110° d. x = 110° , y = 40° , z = 75°

e. x = 30° , y = 120° , z = 135° f. x = 140° g. x = 140° h. x = 125° , y = 121° , z = 114°

i. x = 34° , y = 62° , z = 56° j. x = 21° , y = 69° l. x = 38° , y = 14° m. x = 18° , y = 108°

43 a. 15° b. 20° c. 32° d. x = 9° , y = 40° e. x = 54° , y = 30° f. x = 10° , y = 72°

g. x = 15° , y = 25° h. x = 16° , y = 50° i. x = 26° , y = 52° , z = 38°

44 a. 12, 12 e 3 b. 15, 15 e 6 c. 10, 10 e 18 d. 40 cada um. e. 90 cada um. f. 6 m , 6 m e 4 m

g. 6, 7 e 8 h. 20, 16 e 6 i. 14, 6 e 6 **45** 46 m **46** 37 m e 37 m

47 75 cm , 75 cm e 42 cm **48** 16 m, 16 m e 28 m ou 24 m, 24 m e 12 m **49** 20 m, 20 m e 30 m

50 24 **51** 45° , 60° e 75° **52** 70°, 70° e 40° **53** 70° , 70° e 40°

54 62° , 62° e 56° **55** 55° , 55° e 70° **56** 60°

57 a. 45° , 45° e 90° b. 80° , 80° e 20° c. 70° , 70° e 40° ou 50°, 50° e 80° d. 50° , 50° e 80° e. 36°, 72° ,72°

f. 80° , 80° e 20° g. 20° , 20° e 140° h. 70° , 70° e 40° i. 84° , 84° e 12°

58 a. 56° b. 50° c. 74° d. 82° e. 32° f. 108°

93

Geometria Plana - 8º ano *Respostas*

        g. 14°   h. 21°   i. 32°   j. 28°   l. 8°   m. 38°

59 a. 107°   b. 84°   c. 25°   d. 10°   e. 32°   f. 40°

       g. 128°   h. 138°   i. $x = 18°, y = 90°$

60 a. $x = 52°, y = 45°$ b. $x = 141°, y = 133°$ c. $x = 49°, y = 38°$

    d. $x = 13°, y = 42°$ e. $x = 10°, y = 32°$ f. $x = 7°, y = 26°$

    g. $x = 6°, y = 8°$ h. $x = 12°, y = 15°, z = 122°$ i. $x = 32°, y = 58°$

61 a. $x = 150°, y = 150°, z = 30°$ b. $x = 46°, y = 134°, z = 46°$ c. $x = 52°, y = 128°, z = 128°$

    d. $x = 10°, y = 178°$ e. $x = 38°, y = 58°$ f. $x = 16°, y = 132°, z = 48°$

    g. $x = 24°, y = 15°$ h. $x = 18°, y = 26°$ i. $x = 20°, y = 30°$

62 a. $x = 24°, y = 66°, z = 48°$ b. $x = 32°, y = 58°$ c. $x = 30°, y = 60°, z = 60°$

    d. $x = 20°, y = 30°, z = 120°$ e. $x = 30°, y = 26°, z = 52°$ f. $x = 64°, y = 32°, z = 58°$

    g. $x = 12°, y = 15°$ h. $x = 26°, y = 18°, z = 20°$ i. $x = 9°, y = 27°$

63 a. $x = 30°, y = 120°, z = 30°, w = 90°$ b. $x = 18°, y = 36°, z = 54°$

    c. $x = 8°, y = 70°, z = 90°$ d. $x = 8, y = 18$ e. $x = 32, y = 8$ f. $x = 32°, y = 8°$

    g. $x = 6°, y = 9°, z = 90°$ h. $x = 32, y = 15, z = 49$ i. $x = 42, y = 36, z = 24$

64 a. $x = 45°, y = 135°, z = 90°$ b. $x = 60°, y = 90°, z = 150°$ c. $x = 15°, y = 75°$

    d. $x = 30°, y = 75°$ e. $x = 15°, y = 135°, z = 105°$ f. $x = 15°$ g. $x = 125°, y = 80°$

    h. $x = 75°, y = 150°$ i. $x = 75°, y = 15°$ **65** a. 36°, 36°, 144°, 144°

    b. 48°, 48°, 132°, 132°   c. 136°, 136°, 44°, 44°   d. 80°, 80°, 100°, 100°

66 a. 152°   b. 135°   c. 123°   d. 135°   **67** a. 163°, 163°, 17°, 17°

    b. 150°, 150°, 30°, 30°   c. 98°, 98°, 82°, 82°   d. 108°, 108°, 72°, 72°

68 40 m, 60 m, 80 m, 100 m   **69** 6 m, 14 m, 14 m, 28 m   **70** 12 m, 12 m, 6 m, 6 m

71 21 m, 21 m, 18 m, 18 m   **72** 12 m   **73** 84 m   **74** 96°, 96°, 84°, 84°

75 56 cm   **76** 28 m   **77** 150°, 30°   **78** a. 5   b. $x = 2 = y; z = 4$

    c. $x = y = z = 16$ d. $x = y = 10$ e. 7   f. 3   g. 5   h. $x = 10; y = 7$

    i. $x = 5, y = 3, z = 8$ j. 8   l. $x = y = 52; z = 28$ m. $x = 12, y = 13$

79 a. 3   b. $x = 5; y = 7; z = 11$ c. 32   d. 8   e. 13

    f. 2   g. 10   h. 124   i. $x = y = 11$ j. 8   l. 50   m. 14

80 a. 18   b. 30   c. 15   d. 4   **81** a. 4   b. $x = 2, y = 5$

    c. $x = 5, y = 12, z = 7$ d. 4   **82** 140 cm   **83** 60°   **84** *

85 108 cm   **86** 26 m   **87** 12 m   **88** 56 cm   **89** 4 m   **90** 26 cm

91 4 m   **92** 18 cm   **93** 2 m   **94** 25 cm   **95** 20 cm   **96** 20 cm

97 258 m   **98** 180 cm   **100** 6   **101** 2 cm, 6 cm e 14 cm

102 30 cm   **103** 38 cm   **104** a. 111°   b. 119°   c. 130°   d. 92°

    e. 135°   f. 46°   g. 20°   h. 52°   i. 30°

105 a. 1260°   b. 1800°   c. 2340°   **106** decágono   **107** 20   **108** 18

109 octógono e hexágono   **110** decágono e tetradecágono   **111** hexágono e eneágono

112 heptágono e decágono   **113** decágono e pentadecágono   **114** a. 35   b. 44   c. 170

115 a. 5   b. 12   c. 17   **116** 17   **117** 1800°   **118** eneágono

119 undecágono   **120** 35   **121** 54   **122** 77

123 pentágono e heptágono   **124** $a_i = 108°, a_e = 72°$ **125** a. 60° e 120°   b. 45° e 135°

    c. 36° e 144°   d. 30° e 150°   e. 24° e 156°   f. 18° e 162°

126 a. 60   b. 24   c. 9   **127** a. 5   b. 8   c. 24

Geometria Plana - 8º ano   Respostas

| 128 | 35 | 129 | 20 | 130 | a. 2 | b. 3 | c. 4 |

| 131 | a. 20 | b. 170 | c. 160 | 132 | 7 | 133 | 48 |

| 134 | x = 108° ; y = 36° ; z = 36° ; w = 72° | 135 | x = 120° ; y = z = 30° ; w = 60° |

| 136 | x = y = 72° ; z = 108° ; w = 72° | 137 | x = y = 30° ; z = w = 60° |

| 138 | a. x = 36° ; y = 96° b. x = 66° ; y = 42° c. x = 12° ; y = 96° ; z = 24°

| 139 | a. x = 18° ; y = 72° ; z = 18° b. x = 54° ; y = 81° c. x = 117° | 140 | a. x = 105° ; y = 15°

b. x = y = 75°   c. x = 15° ; y = 105° | 141 | x = 84° ; y = 120°

| 142 | a. 57°   b. 124°   c. 22°   d. 28°   e. 20°   f. 15°

g. 18°   h. 23°   i. 67°   j. 84°   l. 16°   m. 17°

n. 40°   o. 116°   p. x = 40°; y = 100°   q. x = 24° ; y = 48°

| 143 | a. x = 78° ; y = 156°   b. x = 67°   c. x = y = 46°   d. x = 90°   e. x = 23° ; y = 56°

f. x = 30°   g. x = 288°   h. x = 51° ; y = 32°   i. x = 86° ; y = 98°

j. x = 22° ; y = 29°   l. x = 21° ; y = 13°   m. x = 10° ; y = 20°

| 144 | a. x = 25°   b. x = 87°   c. x = 143°   d. x = 22°   e. x = 110°   f. x = 82°

g. x = 12°   h. x = 40°   i. x = 140° ; y = 109°   j. x = 150° ; y = 44°

l. x = 100° ; y = 120°   m. x = 38° ; y = 98°

| 145 | a. 33°   b. 78°   c. 37°   d. 14°   e. 16°   f. 55°   g. 29°

h. 118°   i. 134° | 146 | a. 164°   b. 78°   c. 204°   d. 64°

e. 44°   f. 132°   g. 61°   h. 96°   i. x = 160° ; y = 35°

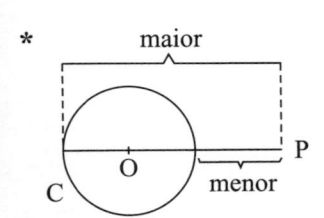

| 147 | a. x = 116° ; y = 56°   b. x = 27° ; y = 38°   c. x = 110° ; y = 80° ; z = 40°   d. x = 120° ; y = 140°

e. x = 40° ; y = 60° ; z = 80°   f. x = 120° ; y = 40°

* maior / menor (figura com circunferência de centro O, ponto C à esquerda e ponto P à direita)

Impressão e Acabamento
Bartira
Gráfica
(011) 4393-2911